中国劳动和社会保障科学研究院资助

人力资源社会保障
精准扶贫研究

RESEARCH ON PRECISE POVERTY ALLEVIATION
IN HUMAN RESOURCES AND SOCIAL SECURITY

李娟 著

社会科学文献出版社
SOCIAL SCIENCES ACADEMIC PRESS (CHINA)

前　言

党的十八大以来，党中央和国家领导人高度重视推进精准扶贫工作。人力资源社会保障作为最贴近老百姓的民生工作，在扶贫脱困的系统工程中发挥着重要作用。2016 年 8 月 4 日，人力资源和社会保障部印发《关于在打赢脱贫攻坚战中做好人力资源社会保障扶贫工作的意见》，提出要充分发挥人力资源社会保障部门职能作用，加大就业创业、技能培训、社会保险和人事人才扶贫力度。在中央政策的指引下，贫困地区人社部门在技能培训、就业创业、社会保障等方面积极采取措施，探索开展人力资源社会保障扶贫实践。在肯定人社扶贫实践成效的同时，也要意识到仍存在不少问题。比如，贫困地区的就业扶贫任务仍然很艰巨；社保水平偏低，帮扶解困缺乏力度；贫困人口看病难、看病贵等。这些问题亟待研究解决，否则将影响精准扶贫工程的整体推进。基于上述背景，无论是从落实中央扶贫战略部署的必要性，还是从解决现实问题的紧迫性来看，当前开展人力资源社会保障精准扶贫的相关研究均具有较强的现实意义。

围绕人社扶贫工作发展形势和要求，笔者主持和参与了一系列相关研究，包括"人力资源社会保障精准扶贫政策配套研究""连片特困地区人力资源社会保障扶贫问题研究""连片特困地区就业扶贫问题研究""革命老区和国家连片扶贫区人社帮扶开发研究"等。近年来，笔者先后前往云南、贵州等十省（区、市）开展大量实证调研。其间，分别与省级、地市级、县级的人社、扶贫、发改、财政等政府部门进行座谈；实地走访贫困地区的多家企业，并与扶贫龙头企业和经营困难企业进行多次座谈；还实地走访了贫困村和贫困户，与贫困群众进行深度访谈，并对其进行问卷调查。通过实证调研，收集到大量"第一手"的数据和案例，不仅为本书的撰写提供了丰富的研究素材，而且能够保证研究结论切合实践情况，真实可靠。

本书是关于人社扶贫的系统性研究著作，一定程度上可以丰富该领域的理论研究。首先，本书对有关人社扶贫的国内外文献研究和实践进展情况进行比较全面的整理和综述，比较扎实地把握了该领域的国内外研究动态。其次，现有文献多是对地方做法的介绍，缺乏深入的理论研究；与实践进展相比，理论研究相对滞后。根据十省（市、自治区）实地调研的综合情况，本书一方面深入分析了连片特困地区的贫困现状、现实困难以及政策需求，可为政府部门实施精准扶贫提供工作思路；另一方面，从就业创业、技能培训、社会保险、人事人才、基层公共服务等方面，全面把握人力资源社会保障精准扶贫的实施现状，既总结了人社扶贫政策措施及其实施成效，又分析了人社扶贫工作面临的困难以及问题。最后，本书根据"十三五"期间人社扶贫工作目标，针对调研中反映的突出问题，结合贫困地区政府、企业和群众各方的困难及需求，对下一步推进人力资源社会保障精准扶贫提出具有一定参考价值的政策建议，以供政府部门决策参考。

在研究过程中，笔者得到了很多领导和同志的支持与帮助。中国劳动和社会保障科学研究院的各位院领导都对本书给予了高度关注和大力支持。韩永江、战梦霞、孟续铎、韩巍、崔艳、高亚春、俞贺楠、王永伟、黄晶等多位同志都曾参与过相关课题的讨论和调研。同时，湖南、江西、广西、重庆、云南、甘肃、贵州、山西、青海和西藏等多地人力资源社会保障部门也为本书前期的实地调研提供了很多帮助。在此，向对本书出版给予过支持和帮助的所有同志表示深深的感谢！

　　受笔者能力水平以及时间、基础资料所限，本书尚存不足之处，敬请广大读者谅解，并予以批评指正。

李　娟

2018 年 4 月

目 录

第一章
研究导论

一 研究背景及意义

近年来，党中央和国家领导人高度重视推进精准扶贫工作。十八届五中全会提出"十三五"期间的扶贫攻坚目标，要求 2020 年实现现行标准下的农村贫困人口脱贫，贫困县全部摘帽，解决区域性整体贫困。全会公报第七章提出加强就业服务、社会保障、基本医疗和公共卫生等基本公共服务供给，努力实现全面覆盖。分类扶持贫困家庭，对有劳动能力的支持发展特色产业和转移就业，对丧失劳动能力的实施兜底性保障政策，对因病致贫的提供医疗救助保障。可见，人力资源社会保障作为最贴近老百姓的民生工作，在扶贫脱困的系统工程中发挥着重要的作用。

2015 年 11 月 29 日，中共中央、国务院颁布《关于打赢脱贫攻坚战的决定》，要求实施精准扶贫方略，加快贫困人口精准脱贫，使建档立卡的 5000 万左右贫困人口通过转移就业、医疗救助等措施实现脱贫，其余完全或部分丧失劳动能力的贫困人口实行社保政策兜底脱贫。具体措施包括引导劳务输出脱贫、开展医疗保险和医疗救助脱贫、实行社保政策兜底脱贫等方面。2016 年 8 月 4 日，人力资源社会保障部印发了《关于在打赢脱贫攻坚战中做好人力资源社会保障扶贫工作的意见》，提出要充分发挥人力资源社会保障部门职能作用，加大就业创业、技能培训、社会保险和人事人才扶贫力度。同时，还明确了"十三五"时期人社扶贫工作的指导思想、目标任务、政策措施和工作要求。通过梳理上述文件，可见中央提出实施精准扶贫的决心很坚定，目标也很明确。特别是这些文件中有很多表述和要求，比如转移就业、社保兜底等方面，都与人社部门的工作职能密切相关。因此，亟须我们加强人力资源社会保障精准扶贫政策研究，思考人社部门如何更好地在打赢脱贫攻坚战中发挥作用。

在中央政策的指引下，部分贫困地区的人社部门纷纷在技能培训、就业创业、社会保障等方面采取措施，探索开展扶贫实践。通过人社部门开展的就业扶贫，大量贫困群众通过就业实现了脱贫；同时，社会保障制度逐渐覆盖城乡人口，社会保障待遇不断提高，也改善了贫困人口的基本生活水平。在肯定人社扶贫实践成效的同时，也要意识到还存在不少问题亟须引起重视。比如，农村贫困地区的就业扶贫任务仍然很艰巨；社保水平偏低，帮扶解困缺乏力度；贫困人口文化素质偏低，就业技能比较欠缺；贫困人口看病难、看病贵等问题比较突出。这些问题亟待研究解决，否则将会影响到精准扶贫工程的整体进程。基于上述背景，无论是从落实中央扶贫战略部署的必要性，还是从解决现实问题的紧迫性来看，当前开展人力资源社会保障精准扶贫的相关研究具有十分重要的现实意义。

二 研究对象界定

（一）连片特困地区

鉴于我国绝大多数贫困人口分布在集中连片特困地区，笔者以连片特困地区为重点展开探究。连片特困地区一般是指因自然、历史、民族、社会等原因引致的，贫困规模大、贫困程度深、贫困范围广、贫困人口集中和扶贫开发周期性较长的集中连片贫困地区和特殊困难贫困地区，连片特困地区的划定是新时期党中央为了治理贫困所推行的一项重大战略。《中国农村扶贫开发纲要（2011～2020年）》提出扶贫开发要坚持"集中连片、突出重点、全国统筹、区划完整"的原则，明确将六盘山区、秦巴山区、武陵山区、乌蒙山区、滇桂黔石漠化区、滇西边境山区、大兴安岭南麓山区、燕山－太行山区、吕梁山区、大别山区、罗霄山区等连片特困地区和已明确实施特殊政策的西藏、四省（四川、云南、甘肃、青海）藏区、新疆南疆三地州确定为中国未来十年扶贫攻坚的主战场。根据连片特困区蓝皮书《中国连片特困区发展报告（2013）》，六盘山区等11个集中连片特困地区共涉及19个省（自治区、市）的505个县，区域面积超过140万平方公里，区域人口2.28亿人，其中农村人口1.96亿人。这些地区普遍表现出自然条件恶劣，生态环境脆弱，经济社会发展落后，自我发展能力薄弱，贫困面广泛，贫困程度深等特征。按照每人每年2300元（2010年不变价）的贫困标准，2011年我国扶贫对象有1.22亿人，占农村户籍人口的12.7%。其中，连片特困地区的贫困发生率为28.4%，比全国平均水平高出15.7个百分点，覆盖了全国70%以上的贫困人口。[①]

（二）精准扶贫

根据《关于创新机制扎实推进农村扶贫开发工作的意见》（中办发〔2013〕25号）文件精神，精准扶贫是指通过对贫困户和贫困村精准识别、精准帮扶、精准管理和精准考核，引导各类扶贫资源优化

[①] 游俊、冷志明、丁建军主编《中国连片特困区发展报告（2013）》，社会科学文献出版社，2013。

配置，实现扶贫到村到户，逐步构建扶贫工作长效机制，为科学扶贫奠定坚实基础。2015 年 12 月 15 日，国务院新闻办公室举行"十三五"脱贫攻坚工作有关情况新闻发布会。在发布会上，国务院扶贫开发领导小组办公室主任刘永富指出，精准扶贫的基本要求和主要途径是"六个精准"和"五个一批"。"六个精准"是指扶贫对象精准、项目安排精准、资金使用精准、措施到户精准、因村派人精准、脱贫成效精准。"五个一批"是指发展生产脱贫一批、易地扶贫搬迁脱贫一批、生态补偿脱贫一批、发展教育脱贫一批、社会保障兜底一批。[①]葛志军等认为精准扶贫是针对不同贫困区域环境、不同贫困农户状况，运用合规有效的程序对扶贫对象实施精准识别、精准帮扶、精准管理的治贫方式。具体来说，精准识别是指通过建档立卡，逐村逐户了解贫困状况，准确分析其致贫原因，清楚其帮扶需求。精准帮扶是针对以往一刀切、大而全的帮扶内容和方式而言的，就是要充分考虑贫困村和贫困户的致贫原因，在此基础上对每个贫困村、贫困户制定具有针对性的帮扶措施。精准管理一方面是对贫困县、村及贫困户的扶贫过程实施动态化和精细化管理，确保扶贫资源真正用在扶贫对象身上；另一方面，也是对扶贫部门的监督与管理，主要目的是对扶贫资金与项目等方面工作进行督促和提醒。[②]

（三） 人力资源社会保障精准扶贫

人力资源社会保障作为最贴近老百姓的民生工作，在扶贫脱困的系统工程中发挥着重要的作用，特别是在引导劳务输出脱贫、开展医

[①] 《精准扶贫脱贫的基本方略是六个精准和五个一批》，国务院新闻办公室网站，http://www.scio.gov.cn/xwfbh/xwbfbh/wqfbh/2015/33909/zy33913/Document/1459277/1459277.htm，2015 年 12 月 15 日。

[②] 葛志军、邢成举：《精准扶贫：内涵、实践困境及其原因阐释》，《贵州社会科学》2015 年第 5 期，第 158 页。

疗保险和医疗救助脱贫、实行社保政策兜底脱贫等方面，都涉及人社部门的工作职能。根据人社部印发的《关于在打赢脱贫攻坚战中做好人力资源社会保障扶贫工作的意见》，其中明确了"十三五"期间人社扶贫工作的目标任务：即通过帮助有就业意愿的建档立卡农村贫困劳动力实现转移就业，解决 1000 万人脱贫；使每个有参加职业培训意愿的贫困劳动力每年都能接受至少 1 次免费职业培训；引导建档立卡农村贫困人口积极参保续保，实现法定人员参加基本养老、医疗保险全覆盖；强化贫困地区人事人才支撑服务；力争实现贫困地区县级劳动就业和社会保障服务平台基本覆盖。由此可见，人社扶贫涉及的范围和领域比较广泛，涵盖了技能培训、就业创业、社会保险、人事人才、基层公共服务等各方面。为保证研究的全面性，本书将围绕上述五个方面展开研究，同时考虑到"点面结合、重点突出"，本书聚焦研究范围，以技能扶贫、就业扶贫和社保扶贫作为研究重点。

三　主要研究内容

笔者通过实证调研连片特困地区，旨在研究以下问题：第一，摸清贫困地区和贫困人口的贫困现状以及他们对人社扶贫政策的需求和建议。第二，梳理现行人社扶贫政策和措施，分析这些政策的实施成效以及存在的问题。第三，根据"十三五"期间人社扶贫目标任务，针对调研中反映的突出问题，同时结合贫困地区政府、企业和群众各方的困难和需求，提出推进人力资源社会保障精准扶贫的政策建议。

根据上述研究目标，本书主要包括以下内容：一是系统梳理国内外研究现状；二是连片特困地区的贫困现状及脱贫需求分析；三是典型地区人力资源社会保障精准扶贫案例研究；四是人力资源社会保障扶贫政策措施以及实施成效；五是人力资源社会保障精准扶贫面临的困难以及问题；六是推进人力资源社会保障精准扶贫的政策建议。

四 研究方法及技术路线

（一） 研究方法

本书综合运用了文献研究、实证调研、问卷调查、案例研究、专家咨询等研究方法。下面将对这些研究方法的应用情况做出说明。

1. 文献研究

笔者从国内和国外两方面收集文献，国内分别从精准扶贫、人社扶贫等方面收集文献；国外分别从贫困理论的发展和演变、反贫困实践及经验等方面收集文献，最终形成国内外研究综述。

2. 实证调研

笔者先后前往湖南、江西、广西、重庆、云南、甘肃、贵州、山西、青海和西藏等十省（市、自治区）展开实证调研。调研期间，先后与省级、地市级、县级的人社、扶贫、发改、财政等相关部门进行座谈；实地走访贫困地区的多家企业，并与扶贫龙头企业和经营困难企业进行多次座谈；实地走访贫困村和贫困户，与贫困群众进行访谈，并向其发放调查问卷。调研内容主要包括：连片特困地区的贫困现状、实际困难及脱贫需求；各级政府目前出台的人社扶贫政策及措施，以及这些政策措施的实施情况、成效及问题；连片特困地区推进人社扶贫的工作思路以及对国家出台人社扶贫政策的意见和建议等。

3. 问卷调查

调研期间，笔者向调研地区的贫困群众发放问卷，旨在摸清他们在技能培训、就业创业、医疗保障、养老保障、基层公共服务、扶贫政策享受等方面的实际困难及政策需求，以便为因人施策、分类施策提供前提和基础。此次调查共计发放问卷 1500 份，获得有效问卷 1080 份，有效回收率 72%。后期对问卷数据进行处理分析，形成调查数据分析报告（参见附件 2）。

4. 案例研究

笔者选取云南、甘肃和重庆三个典型地区进行案例研究，分析这些地区实施人社扶贫积累的经验做法以及在实践过程中遇到的困难和问题，并提出有针对性的对策建议。调研期间，笔者与贫困地区的政府、企业和贫困群众进行集体座谈和深度访谈，并对这些访谈记录进行专门整理。这些访谈中不乏鲜活而又具有典型意义的案例，笔者通过引用具体案例，阐述研究观点和结论。

5. 专家咨询

为了更好地集思广益，吸取专家意见，笔者在研究过程中，组织召开了学术研讨会议，邀请人社部业务司局、地方人社部门、多家企业代表以及高校、科研院所的相关同志参会。会上，参会人员围绕各地推进人社精准扶贫的措施做法、目前遇到的困难以及下一步的工作思路和政策建议等方面展开了全面而又深入的讨论，这些真知灼见都为本书的研究提供了很好的思路和建议。笔者根据专家提出的意见和建议，对本书的研究思路和研究内容进行了完善和修正。

（二）研究技术路线

本书研究技术路线参见图 1 - 1。研究之初，笔者对相关的基本概念进行界定，并对国内外相关研究成果和扶贫政策进行梳理和综述。在此基础上，通过对云南、贵州等十省（市、自治区）的实证调研，一方面研究连片特困地区的贫困现状、现实困难以及对人社扶贫政策的需求和建议；另一方面，从就业创业、技能培训、社会保险、人事人才、基层公共服务等方面，把握当前各地实施人力资源社会保障精准扶贫的具体情况，总结我国开展人社扶贫实践的经验以及成效，分析遇到的困难及问题。最后，根据"十三五"期间人社扶贫目标任务，针对调研中反映的突出问题，结合贫困地区政府、企业和贫困群众各方的困难和需求，提出推进人力资源社会保障精准扶贫的政策建议，以供政府决策部门参考。

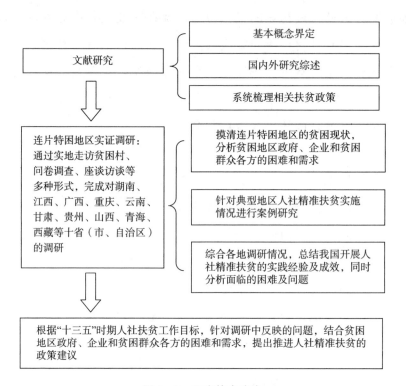

图 1-1　研究技术路线

第二章
国内外研究现状

一　国内研究现状

通过搜集和整理国内文献，我们发现目前的文献多是对精准扶贫的系统性研究，涵盖产业扶贫、教育扶贫、移民扶贫、项目扶贫等多个方面，尚缺少关于人社扶贫的专题研究，有关人社扶贫的内容仅是作为精准扶贫中的一个部分被简略提及，而且多是对地方开展扶贫措施的经验介绍，缺乏深入研究。下面分别从精准扶贫、人社扶贫两个方面，归纳和总结相关文献。

（一）精准扶贫的相关研究

1. 关于精准扶贫的解读

目前，学界对中央提出的精准扶贫理解比较一致。刘守敏对精准扶贫概念进行解读，他认为实施精准扶贫需从以下几个方面做起：一是完善精准识别到户机制；二是制定帮扶到户措施，制定切实可行的"一村一业""一户一策"帮扶措施；三是落实帮扶到户责任，加强资金管理，建立考评机制等。[①] 与刘守敏的观点类似，饶振华提出贯彻习近平总书记的精准扶贫思想，要从精准识别、精准帮扶、精准管

----

① 刘守敏：《实施精准扶贫之我见》，《老区建设》2014 年第 11 期。

理、精准考核等四个方面发力。① 张琦认为精准扶贫主要包括精准识别、精准扶持和精准管理等方面。精准识别是指通过建档立卡，逐村逐户了解贫困状况，准确分析其致贫原因，更加清楚帮扶需求。精准扶持意味着扶持对象要精准，对每个贫困村、贫困户制定具有针对性的帮扶措施。精准管理是指要对贫困县、村及贫困户的扶贫过程实施动态化和精细化管理，确保扶贫资源真正用在扶贫对象身上。② 莫光辉通过梳理精准扶贫战略形成过程，提出从贫困县、贫困村等区域扶贫开发探索逐步发展到以贫困人口为扶贫瞄准对象的扶贫开发道路是不同发展阶段背景下进行的扶贫开发战略谋划，是在扶贫开发基础上的政策调整，是打赢脱贫攻坚战的有效保障。③

2. 贫困地区的致贫成因及反贫困对策

学界普遍认为贫困地区的致贫成因比较复杂，主要包括：资源约束性贫困（生态脆弱，资源和生产要素匮乏）、生产性贫困（产业结构单一，生产效率低下）、人力资本匮乏（贫困对象文化程度低、健康状况差、观念落后，青壮年劳动力外流）、制度供给不足（制度安排不合理、不配套，缺乏适应性和针对性）、基础设施薄弱、公共产品供给不足等。比如，马骥从自然资源、制度因素、发展能力、区位和基础设施等方面分析连片特困地区的致贫成因。④ 吕祥乾提出云南集中连片特困地区的致贫原因主要有：生态环境恶劣、基础设施建设缓慢、人口综合素质低和人力资源匮乏、反贫困体制机制不完善等。⑤

① 饶振华：《改革创新 探索江西扶贫开发新路——江西省扶贫开发的2014年回顾与2015年展望》，《老区建设》2015年第5期。
② 赵泽众：《对症下药 扶贫方能有效》，《中国劳动保障报》2016年2月3日，理论版。
③ 莫光辉：《精准扶贫：中国扶贫开发模式的内生变革与治理突破》，《中国特色社会主义研究》2016年第2期。
④ 马骥：《经济新常态下连片特困地区扶贫开发问题分析》，《郑州航空工业管理学院学报》2015年第33卷第4期。
⑤ 吕祥乾：《云南集中连片特困地区扶贫开发模式研究》，硕士学位论文，云南师范大学，2014。

针对上述致贫成因，学者纷纷提出反贫困对策。周猛[①]、张愉琴等[②]、彭贞贞等[③]、吕祥乾[④]等提出强化贫困人口的主体地位，赋予他们参与发展、摆脱贫困的机会和权利；恢复和重建生态环境，改善贫困人口的生产和生活条件；整合片区特色资源，提升产业扶贫效果；发展基础教育和劳动力技能培训，改善区域人力资源状况；推进农村基础设施建设和公共产品供给；加大对政策落实情况、资金使用情况的考核和监督力度等。

3. 扶贫开发面临的挑战及问题

尽管各地采取的扶贫开发措施对扶持贫困户增收脱贫发挥了重要作用，但是相关研究表明新时期扶贫开发在实践中仍然面临着不少挑战及问题，亟须引起重视。关于扶贫开发面临的挑战，彭春凝认为"十三五"时期，我国扶贫开发工作自身进入了关键的攻坚期和决战期，扶贫任务和难度较以往都有所增加。另一方面，经济下行的内涵外延也使我国精准扶贫面临更严峻的挑战：一是传统要素优势削减，综合优势尚未构建；二是治污缓堵责任重大，扶贫减贫压力突增；三是增长模式遭遇瓶颈，发展路径变化太大；四是社会投资风险激增，多元投资吸引力小。[⑤]

关于扶贫开发面临的问题，有研究分析指出江西省农村扶贫开发面临不少困难：一是贫困人口规模较大，扶贫成本逐渐提高；二是农民致贫返贫因素呈现多元化特点，返贫现象比较突出；三是相对于贫困村、贫困人口的实际需求，目前扶贫投入偏少，补贴标准偏低；四

① 周猛：《集中连片特困地区的致贫因素和减贫对策探析——以西藏自治区改则县为例》，《开发研究》2012 年第 6 期。

② 张愉琴、李学坤：《乌蒙山连片特困地区反贫困对策分析》，《中国集体经济》2012 年第 4 期。

③ 彭贞贞、马骥：《连片特困地区的特征及扶贫开发的对策分析》，《商业经济》2013 年第 12 期。

④ 吕祥乾：《云南集中连片特困地区扶贫开发模式研究》，硕士学位论文，云南师范大学，2014。

⑤ 彭春凝：《当前我国农村精准扶贫的路径选择研究》，《农村经济》2016 年第 5 期。

是基础设施建设薄弱，抗灾能力较差；五是相关部门在扶贫工作联系、项目对接、资金整合等方面不能形成有效对接。[①] 魏淑艳等认为国家现行扶贫政策的总体效果是显著的，但是存在减贫成效地区间不均衡，"越富越扶、越贫越漏"的马太效应等问题。[②] 范子娜认为部分贫困地区自身发展能力脆弱，无法形成贫困治理的长效良性机制。主要表现为：一是传统的政府"包揽"型扶贫模式往往忽视贫困对象的具体需求，导致扶贫开发的供需不对称，扶贫政策和项目无法达到预期效果；二是扶贫主体间的权责关系"错位"，导致扶贫资源整合不到位；三是在资源配置上过分强调政府作用而忽视发挥市场作用，扶贫开发中的市场机制和社会机制长期发育滞后；四是大量青壮年劳动力外出务工，导致贫困地区的经济发展、基础设施建设、扶贫开发项目都因缺乏劳动力受到影响；五是扶贫监督机制不够健全，贪污腐败现象时有发生，不仅加剧政府、公共组织与民众之间的信任危机，而且导致扶贫项目和资金不能落实到户的情况加重。[③]

4. 扶贫开发的相关建议

针对扶贫实践中反映出来的问题，不少研究也提出了相应建议。比如，吴晓俊提出要处理好扶贫资源普惠制与特惠制的关系，强化实施针对贫困人口的特惠政策；建立开发式扶贫与救助式扶贫相结合的长效脱贫机制，实现社会保障的生存保障功能与开发扶贫的推动发展功能两者有效衔接。[④] 范子娜提出在当前扶贫开发的关键阶段，一是

---

① 江西省政协社会和法制委员会：《关于江西省新阶段农村扶贫开发情况的调研报告》，《老区建设》2011 年第 19 期。

② 魏淑艳、田华文：《我国农村贫困形势与扶贫政策未来取向分析》，《社会科学战线》2014 年第 3 期。

③ 范子娜：《大扶贫视角下我国农村扶贫开发问题与对策研究》，《济源职业技术学院学报》2015 年第 1 期。

④ 吴晓俊：《"一六一"扶贫开发模式，吹响革命老区扶贫号角——江西省上饶革命老区贫困问题调查研究》，《老区建设》2010 年第 3 期。

改变传统政府主导的单一模式，引导社会力量参与，构建多元化的贫困治理主体；二是建立多部门、多主体间的扶贫开发合作机制；三是保障扶贫对象的参与权利，在扶贫政策的制定以及项目实施过程中，完善扶贫主体与扶贫对象间的沟通机制，切实以扶贫对象的实际需求为出发点；四是建立并完善多部门、多主体间的监督机制。① 彭春凝提出当前我国实施精准扶贫的路径选择应该包括：一是针对具体问题，选择产业扶贫、搬迁扶贫等不同扶贫方式；二是整合社会资源，实现财政扶贫资金和部门专项资金效益最大化；三是针对脱贫难度大的贫困户，发挥保障性救助制度的效用；四是创造贫困农户就地劳务的条件。②

（二）人社扶贫的相关研究

关于人社领域的扶贫开发，目前尚未形成系统性的专题研究。现有文献多是对地方实践的经验介绍，研究方法以定性描述为主，缺乏深入的理论研究。相关文献的研究内容虽涉及人社扶贫措施、人社扶贫的效果、问题及建议等方面，但大多是针对贫困地区人社扶贫措施的介绍性材料，集中在技能扶贫、就业扶贫、保障扶贫等方面，而关于人社扶贫的效果、问题及建议的研究成果较少，因此，亟须加强这些方面的理论研究。

1. 贫困地区采取的人社扶贫措施

针对贫困地区开展扶贫措施的介绍材料较多，主要集中在技能扶贫、就业扶贫、保障扶贫等方面。在技能扶贫方面，黄镜明、赖永胜介绍江西省安远县围绕"培训一人、转移一人、脱贫一家"的目标，

① 范子娜：《大扶贫视角下我国农村扶贫开发问题与对策研究》，《济源职业技术学院学报》2015 年第 1 期。

② 彭春凝：《当前我国农村精准扶贫的路径选择研究》，《农村经济》2016 年第 5 期。

根据贫困劳动力意向及用工市场需求，设置培训课程和培训内容，有效推进农村贫困劳动力转移培训工作。[①] 吴晓俊介绍江西省上饶市实施"雨露"计划对贫困人口进行培训，通过订单式、对接式多种模式，推进扶贫培训和贫困劳动力转移就业。[②] 孙兴伟介绍各地贫困地区的人社部门采取"技能＋创业"的培训模式，因地制宜开展免费技能培训。云南省从 2015 年起，计划用 5 年时间，围绕贫困地区经济发展和促进贫困人口就业创业的需要，通过技能扶贫专项行动，培训适应当地产业发展需要的劳动者和技能人才。重庆市针对贫困人口的需求，分类开展扶贫培训，旨在让每户至少有一名劳动力掌握就业技能。[③] 桂林市从 2012 年起，计划用 5 年时间，对全市 65500 名贫困劳动力免费开展职业教育和技能培训，提高贫困农民的技能水平和就业能力。[④]

在就业扶贫方面，赵川、冯静介绍四川省小凉山实施"一人就业、全家脱贫"三年行动计划，走出一条以提升就业能力为突破口，向外转移与就近转移相结合，发展产业与带动就业相结合，政府促进就业与自主创业相结合的就业扶贫新路。[⑤] 杨硕荣介绍内蒙古通过实施"六个进村入户"，促进就业创业精准扶贫，即帮扶政策进村入户，信息台账进村入户，岗位帮扶进村入户，园区建设进村入户，技能培

---

① 黄镜明、赖永胜：《江西安远劳动力转移培训的"1、2、3、4"》，《老区建设》2007 年第 2 期。

② 吴晓俊：《"一六一"扶贫开发模式，吹响革命老区扶贫号角——江西省上饶革命老区贫困问题调查研究》，《老区建设》2010 年第 3 期。

③ 孙兴伟：《"授鱼"改"授渔""输血"变"造血"——全国人社系统积极推动技能扶贫》，《中国劳动保障报》2016 年 2 月 24 日。

④ 桂林市人力资源和社会保障局：《突出产业特色　打造培训品牌　桂林市全力打好技能脱贫攻坚战》，《人事天地》2016 年第 3 期，总第 216 期。

⑤ 赵川、冯静：《"一提升三结合"走出扶贫新路》，《中国人力资源社会保障》2011 年第 12 期。

训进村入户，信息对接进村入户。① 袁高攀、王蓓蓓介绍甘肃省兰州市开展送政策、送岗位、送服务、送培训、送技能和落实社会保险补贴的"五送一落实"活动，帮助困难人员实现就业。② 刘泓余介绍河南省新密市通过制定扶贫政策、强化技能培训、搭建就业平台、提供就业创业服务，精准实施就业扶贫。③

在保障扶贫方面，张永军、张静介绍陕西省长武县针对因重大疾病致贫的贫困人口，为其办理"新农合"报销及民政大病救助手续，以减轻他们的医疗负担。另一方面，对没有劳动力能力的老弱病残贫困人口，由政府进行兜底性帮扶，通过落实低保、新农保等政策保障他们的基本生存需求。④ 林晓洁介绍陕西、山西等地通过放宽用药范围、降低起付线、提高报销比例等做法，实施更加精准的大病保险政策，有效减轻了大病患者的高额医疗费用负担，增强了医疗保障功能。⑤ 赵文介绍宁夏通过整合城乡居民基本医疗保险和大病保险，有效解决了城乡居民因病致贫、因病返贫的难题。⑥

2. 有关人社扶贫效果的研究

有关人社扶贫效果的研究数量偏少，主要集中在对农村医疗保障、养老保障的减贫效应研究。关于医疗保障的减贫效应，李晓嘉、刘鹏通过采用2005～2007年广东省各县面板数据进行分析，提出农

① 杨硕荣：《内蒙古6个"进村入户"促就业创业精准扶贫》，《中国劳动保障报》2016年1月30日。
② 袁高攀、王蓓蓓：《兰州"五送一落实"助困难人员就业》，《中国劳动保障报》2016年3月18日。
③ 刘泓余：《新密市精准实施就业扶贫》，《中国劳动保障报》2016年4月1日。
④ 张永军、张静：《精准扶贫助推老区人民脱贫致富》，《西部大开发》2015年第4期。
⑤ 林晓洁：《多次报销解忧愁　提高待遇减负担——全国人社系统做好医保工作推进精准扶贫》，《中国劳动保障报》2016年2月17日。
⑥ 赵文：《为了群众不再因病返贫致贫——宁夏整合城乡居民医保惠及千家万户》，《中国劳动保障报》2016年3月25日。

村合作医疗对减少农村贫困人口的数量有显著作用。[1] 车刚、赵涛将新农合制度实施地区与非新农合地区对比，得出卫生服务利用和费用的公平性有所改善的结论，这表明新农合制度一定程度地发挥了减贫作用。[2] 与此类似，朱俊生等提出新农合在分担疾病风险、提供财务保障方面发挥了一定作用，使参合农民抵御大病风险的能力得到增强，对卫生服务的利用率也提高了，有利于减少因病致贫的现象。[3] 关于养老保障的减贫效应，程杰认为被养老保障覆盖的城乡老年人贫困状况均有明显改善，贫困发生率下降，贫困深度和贫困强度降低。[4] 黄万庭认为农村养老保险的经济福利性较强，能有效缓解农村居民支出性贫困和收入性贫困，特别是养老金对改善连片特困地区家庭经济状况的边际效用远远大于普通家庭。[5]

3. 人社扶贫存在的问题

目前专门研究人社扶贫问题的文献很少，仅在一些有关贫困地区实施新农保、新农合等社会保障制度遇到问题的研究文献稍微提及。刘传岩、赵玉认为当前我国许多社会保障措施偏向发达地区，存在一些不利于贫困地区的实施条件，导致在贫困地区难以落实。[6] 聂火云提出新农合制度实施后，贫困农民仍然反映看病贵、看病难，报销和转诊手续复杂，程序不够便利。由于人均收入低，贫困农民很少有闲散

---

[1] 李晓嘉、刘鹏：《中国农村医疗保障制度与农民贫困的实证研究》，《经济与管理》2007 年第 21 卷第 11 期。

[2] 车刚、赵涛：《新型农村合作医疗对农村居民卫生服务利用公平性的影响研究》，《卫生软科学》2007 年第 1 期，第 1～4 页。

[3] 朱俊生等：《中国社会保护政策减贫效应研究》，首都经济贸易大学出版社，2013，第 103～106 页。

[4] 程杰：《社会保障对城乡老年人的贫困消减效应》，《社会保障研究》2012 年第 3 期。

[5] 黄万庭：《新疆农村社会保障反贫困效应分析》，《新疆大学学报》（哲学·人文社会科学版）2015 年第 3 期。

[6] 刘传岩、赵玉：《我国农村扶贫政策的协调配套问题研究》，《开放导报》2008 年第 2 期。

的资金用于养老金的缴纳，导致农村养老保险的覆盖面窄，保障程度低。[1] 母赛花、李明辉分析贫困地区推进新农保面临的主要困难有农民参续保意愿弱，农民筹资困难，乡镇设施设备缺乏，经办能力低下等。[2]

4. 人社扶贫的相关建议

张琦认为人社部门开展精准扶贫应从以下方面着手：一是培养贫困人口的自身能力，增加就业渠道，引导贫困地区的过剩劳动力转移到沿海地区紧缺的家政、物流、养老等领域实现就业；二是对 2000 多万完全或部分丧失劳动能力的贫困人口，不断完善养老、医疗等在内的社会保障体系。[3] 许怀国认为人社部门要在精准扶贫系统工程中发挥作用，应该从实施就业扶贫政策，强化职业技能培训，实施人力资源开发等方面着手。[4] 还有不少专家认为解决贫困问题，需要多方会诊，多项措施并举。其中，就业帮扶是根本，"扶智"必须先行，社保要托底。比如，王晓初认为我国贫困人口类型很多，完全丧失劳动力的要靠社会保障，而对绝大多数贫困人口，各级人社部门需要通过培训提高他们的素质，提升其就业创业的能力。吴江认为精准扶贫的关键是建设一支高素质的扶贫人才队伍，需在资金扶持、政策倾斜的基础上，积极把人才引进贫困地区。胡晓义提出精准扶贫中社会保障工作的两个关键点：一是精准到人需要依靠信息化手段，利用好社保卡功能；二是适当提高新农保基础养老金标准。[5]

---

① 聂火云：《江西老区农村社会事业现状分析与发展机制研究》，《江西社会科学》2009 年第 11 期。
② 母赛花、李明辉：《贫困地区新农保持续推进面临的主要困难及对策分析》，《经济研究导刊》2012 年第 22 期。
③ 赵泽众：《对症下药　扶贫方能有效》，《中国劳动保障报》2016 年 2 月 3 日，理论版。
④ 许怀国：《在精准扶贫工作中人社部门如何发挥重要作用》，《中国劳动保障报》2016 年 2 月 3 日。
⑤ 摘自王睿《发力有精度　扶贫有准头——代表委员热议精准扶贫》，《中国劳动保障报》2016 年 3 月 12 日。

二 国外研究现状

（一） 国外贫困理论的发展和演变

国外对贫困问题的研究，主要集中在贫困概念、贫困致因和贫困治理等方面。目前，国外对贫困的认识尚无统一定论。从贫困理论的发展过程看，经历了从收入贫困到能力贫困，再到权利贫困的深化过程。而如何理解和认识贫困问题，也决定了国外学者给出不同的反贫困思路。《贫穷：对城市生活的研究》一书将贫困与收入水平联系起来，从经济学角度提出著名的收入贫困概念。大意是一定数量的物品和服务对于个人和家庭的生存和福利是必需的，缺乏这些物品和服务等经济资源的个人和家庭的生活状况，即为贫困。受到收入贫困理论以及"涓滴假说"的影响，人们认为经济增长的收益会自动地扩散到社会各阶层和部门，贫困人口会随着经济增长而自然减少。因此，早期各国的减贫实践强调经济的快速增长。

然而，不少国家在经济增长的同时，贫困问题却还在累积。面对这样的现实情况，人们开始反思贫困不仅仅只是经济概念，它更是一种社会问题，关系到贫困者的发展权利与能力。一些机构和学者开始研究经济增长、不平等和消除贫困之间的关系。阿玛蒂亚·森是研究贫困问题的著名经济学家。他认为，贫困意味着贫困人口缺乏获得和享有正常生活的能力，权利剥夺、能力缺失是导致贫富差距拉大的真正原因。[①] 世界银行曾提出"对穷人友善的增长"（pro-poor growth）理念，并以此制定反贫困政策来指导各国实践。这个理念的核心思想

① 〔印〕阿马蒂亚·森：《论社会排斥》，王燕燕译，《经济社会体制比较》2005年第3期。

是强调经济增长要让穷人的得益高于非穷人，并在减除贫困的同时，让社会不平等状况得到改善。其关键是形成能让穷人参与经济增长并从中获益，以及增加自身人力资本投资的良性循环机制，最终实现与经济增长模式相匹配的收入分配及贫困减除效果。[①] Tandon、Zhuang 认为，发展中国家除了收入差距外，非收入方面的差距也在扩大，最明显的就是公众在接受教育、医疗卫生以及其他基本社会服务等方面遇到的机会不平等。而这些缘于贫困人口的政治、经济及社会等基本权利被剥夺，以及由于等级地位、城乡分割、地理位置、性别以及无能力等原因而遭受到的各种社会排斥。[②] 因此，消除贫困需要从避免贫困人口遭受权利剥夺和社会排斥的角度入手。

关于贫困治理方面的理论研究，主要包括以 Rosenstein 为代表的"平衡增长理论"，以 Rostow 为代表的"经济起飞理论"，以 Schults 为代表的"人力资本理论"等。Rosenstein 认为贫困地区普遍表现为经济产出以农业为主、劳动生产率和劳动力素质都较低的基本特征，因此，反贫困的主要途径是大力发展工业经济；Rostow 认为提高资源配置效率是贫困地区在短期内脱贫致富的有效手段；Schults 认为人力资本匮乏对贫困地区的影响大于物质资本，因此改善人力资本是解决贫困的重要举措。[③]

（二） 国外反贫困实践及经验

总体上看，各国反贫困策略和实践随着经济社会发展和贫困理论

---

① 世界银行增长与发展委员会：《增长报告——可持续增长和包容性发展的战略》，中国金融出版社，2008。

② Tandon, A. and J. Zhuang, "Inclusiveness of Economic Growth in the People s Republic of China: What Do Population Health Outcomes Tell Us？" ERD Policy Brief Series No. 47, Economics and Research Department, Asian Development Bank, Manila, 2007.

③ 〔美〕乔治：《进步与贫困》，吴良健、王翼龙译，商务印书馆，2010。

的演变而不断完善。20 世纪 50 年代，国际社会进行大量投资，用以改善和加强基础设施；70 年代后，国际社会认识到人力资本在经济发展中的重要作用，开始注重医疗和教育的投入；80 年代后，受到新公共管理运动的影响，国际社会在反贫困实践中引入市场机制，允许社会力量进入该领域；90 年代后，国际社会意识到穷人发展权利的问题，开始降低穷人生存的风险和脆弱性，将反贫困实践从经济领域渗透到社会领域。

1. 政府组织的反贫困实践及经验

（1）依托社会保障，开展反贫困实践。

通过完善的社会保护来降低贫困发生率是一些国家的共同做法。经济合作与发展组织成员国（简称 OECD 国家）的实践证明，有效的社会保护政策大大降低了这些国家的贫困发生率，社会保护支出与贫困发生率存在明显的负相关关系。2005 年以来，因为税收和转移支付等社会保护政策发挥调节作用，OECD 国家中低于平均收入的40%、50% 和 60% 的群体贫困发生率有了大幅下降。而且，由于社会保护政策有效缓解了贫困，调节了贫富差距，也使基尼系数大大降低。

为了有效反贫困，建立一个面向全民的健康保障体系至关重要。不少新兴工业化国家通过建立全民健康保障体系，将原来游离在正式保障之外的贫困人口纳入保障范围，降低了因病致贫返贫的比例，增强了医疗保障制度的反贫困功能。通过考察，这些国家的主要做法是进行横向拓展和纵向划分。[①] 所谓横向拓展是通过新增的医疗保障计划，将原来无保障的贫困人口纳入保护范围。所谓纵向划分是指根据成本效益和优先次序的原则，在纵向上划分出初级卫生保健、扶助低

---

① 李明强：《面向全民的医疗保障——医疗保障的制度创新与中国医改相关措施探讨》，硕士学位论文，北京大学，2007。

收入者、帮助个人抵御灾难性医疗费用风险等不同层次，同时在各层次上安排合适的筹资渠道。

还有一些国家社保改革的教训表明，如果养老保险改革过于强调效率，可能会有损公平，对低收入群体的减贫效果不利。比如，智利等国养老金私有化改革的缺陷是覆盖率低，替代率低，几乎没有社会共济性，尤其对贫困人口的养老保障关注度较低，导致贫困群体的老年贫困风险加大。鉴于这些方面的教训，一些国家在完全积累制之外再额外增加一个基础养老金，并惠及全体退休阶层，目的在于提高待遇水平，消减贫困。

（2）依托教育培训，开展反贫困实践。

贫困人口文化程度低，就业能力差，既是贫困的致因，也是贫困的结果。鉴于这种情况，不少发展中国家经常会采取的反贫困措施就是开展教育培训，提升贫困人口的能力和素质。比如，巴西每年财政预算安排25％的份额投入公共教育中，政府还规定凡是收入达不到"低保线"而要申请政府补助的家庭，必须将适龄儿童（少年）送到公立学校接受教育，否则得不到政府资助。还有，马来西亚政府重视改造农村贫困人口的价值观念，并且制订专门的计划，设置专门的机构"农村促进会"作为农民的特殊培训中心。这些国家的经验很值得我国借鉴，投入专项资金，对贫困地区农民开展教育培训，提高他们的文化素质和技能水平，从而支持农村贫困劳动力实现转移就业。

（3）通过促进就业，开展反贫困实践。

很多国外研究表明，工作是生活水平最重要的决定因素。对多数人来说，工作是收入的主要来源，特别是在贫困的国家。许多家庭会因家庭成员找到或失去工作而摆脱或陷入贫困。一项关于贫困动态的研究显示，与劳动相关的事件是引起家庭脱贫的启动器，工作使家庭脱贫的效果在发展中国家更明显。这项研究持续了二十多年，研究对象国的差异很大,如加拿大、厄瓜多尔、德国和南非等。上述事件包括一家之长改换工作、家庭成员开始工作、工作的家庭成员收入增加等。反之,缺乏就业机会将会削弱家庭提高自身福祉的能力。[①] Narayan等人对低收入国家的大量定性研究表明,得到工作和创办企业是人们摆脱贫困的两个主要原因。[②] Azevedo 等人通过根据收入来源解构贫穷变化的分析方法,证实了工作对减少极端贫困的贡献很大。根据美国每天 2.5 美元贫困线的测量,在被分析的 18 个国家中,有 10 个国家贫穷状况的改变一多半是由劳动收入引起的。在另外 5 个国家中,劳动收入对减贫的贡献也超过了 1/3。[③]

鉴于就业对减贫的重要作用,不少国家开展了以帮助贫困人口增收和扩大就业为目标的反贫困项目。比如,印度从 20 世纪 80 年代起实施的国家农村就业计划和农村无地人口就业保障计划。具体来说,农村就业计划由印度中央政府发起,旨在为农村贫困地区创造大量就业机会,从而改善贫困人口的收入状况和生活标准。农村无地人口就业保障计划的目标之一是改善和扩大无地人口的就业机会,使每个无地者的家庭至少有一个成员一年能有 100 个工作日。项目全部支出都由中央政府提供,但是要求只能在有大量无地劳动者的落后地区或低工资地区开展该计划。[④] 还有,柬埔寨的贫困劳动力数量较多,但由

---

① Gabriela, Inchauste, "Jobs and Transitions out of Poverty: A Literature Review," Background Paper for the WDR 2013, 2012; Gabriela, Inchauste, Sergio Olivieri, Jaime Saavedra Chanduvi, and Hernan Winkler, "Decomposing Recent Declines in Poverty: Evidence from Bangladesh, Peru, and Thailand," Background Paper for the WDR 2013, 2012.

② Narayan, Deepa, Lant Pritchett, and Soumya Kapoor, *Moving Out of Poverty: Success from the Bottom Up* (New York: Palgrave Macmillan, 2009, Washington DC: World Bank).

③ Azevedo, Joao Pedro, Gabriela Inchauste, Sergio Olivieri, Jaime Saavedra Chanduvi, and Hernan Winkler, "Is Labor Income Responsible for Poverty Reduction? A Decomposition Approach," Background Paper for the WDR 2013, 2012.

④ 财政部农业司扶贫处:《不同国度下的相同取向——部分发展中国家扶贫政策措施的启示》,《农村财政与财务》2007 年第 4 期。

于工业门类很不齐全，可解决劳动力就业的行业缺乏，其国内劳动力市场远远不能吸收这些劳动力，而且，熟练工人和高级技术人才极度匮乏也是柬埔寨劳动力市场的特点之一。鉴于国内严峻的就业形势，柬埔寨政府采取多项减贫措施，开发就业岗位吸纳贫困劳动力：一是促进劳务外输，以减轻国内就业岗位的紧缺压力。二是鼓励创造就业。促进中小企业发展，吸引国内外劳动密集型企业投资；改善中小企业信贷服务；促进劳动密集型产业发展；确保劳动密集型公共工程能够提供临时的、低成本的工作。三是提高城市和农村非正规就业部门的职业培训质量，加强技能培训，增加就业机会。

2. 非政府组织的反贫困实践及经验

除了政府扶贫以外，国外还存在不少非政府性质的扶贫组织。这些组织在亚洲许多国家开展过扶贫实践，且其实践成果得到了广泛的认可，如孟加拉国的"乡村银行"（GB），尼泊尔的小农发展项目（SFDP）等。这些扶贫组织的共同经验有：一是扶贫目标比较明确，必须是真正的穷人；二是保证有偿使用资金，而非慈善救济；三是运作系统完善，管理比较严格；四是扶贫面向小组而非个人，通常将背景类似的穷人组织成 5～20 人的小组；五是注重从提高穷人的意识和素质入手，为其组织培训、提供咨询、提供信息和传授知识；六是为穷人提供平等参与的权利，注重发挥穷人的内生意识和自我持续发展能力。

第三章
连片特困地区的贫困现状及
脱贫需求分析

一　连片特困地区的贫困现状

鉴于我国绝大多数贫困人口分布在集中连片特困地区，笔者以连片特困地区作为重点展开实证调研，先后前往湖南、江西、广西、重庆、云南、甘肃、山西、西藏、青海和四川等十个省（市、自治区）。根据这些地区的调研情况，连片特困地区的贫困特点主要表现为贫困范围广、贫困人口众多；致贫原因复杂；贫困类型多样化；贫困程度深；脱贫攻坚难度大。

（一）贫困范围广、贫困人口多

如表 3 - 1 所示，按照每人每年 2300 元（2010 年不变价）的农村贫困标准计算，截至 2017 年末，全国农村贫困人口仍有 3046 万人，比 2016 年减少 1289 万人，贫困发生率 3.10%。尽管我国脱贫攻坚工作取得了显著的阶段性成效，但是要实现到 2020 年全部贫困人口脱贫摘帽的任务仍然很重，目前剩下的贫困人口都是脱贫攻坚最难啃的"硬骨头"，越是往后，脱贫攻坚成本越高、难度越大、见效越缓慢。总体来看，当前贫困区域范围逐步向生态环境脆弱、基础设施条件差、科技教育水平低和社会发展落后的区域收缩，农村绝对贫困居民的分布具有一定的共同地理环境特征，表现出极强的地域指向和地缘特征。连片特困地区的贫困发生和发展状况与这些区域的地理位置、自然环境表现出较强的相关性，这类地区大多形成贫困人口相对聚集且长期难以脱贫的局面。

表 3 - 1　2010～2017 年全国农村贫困人口数据及贫困发生率

指标 ＼ 年份	2010	2011	2012	2013	2014	2015	2016	2017
年末贫困人口（万人）	16566	12238	9899	8249	7017	5575	4335	3046
当年比上年末贫困人口减少（万人）	—	4328	2339	1650	1232	1442	1240	1289
年末贫困发生率（%）	17.27	12.70	10.20	8.50	7.20	5.70	4.50	3.10
当年比上年末贫困发生率减少（%）	—	4.57	2.50	1.70	1.30	1.50	1.20	1.40

注：表中数据由笔者根据国家统计局发布的各年《国民经济和社会发展统计公报》、国务院扶贫办网站公布数据进行整理。

（二）致贫原因复杂

经济发展程度、人口状况、家庭结构、健康与教育、就业状况、自然和地理条件、收入分配以及其他方面的制度环境因素，都有可能对贫困的发生产生影响。经济欠发展虽是贫困发生的主要原因，但是导致贫困的具体原因还有因病、因残、因学、缺资金、缺劳力、缺技术等多方面。

云南省某市面积 2.4 万平方公里，山区面积占 97.5%，总人口 250.9 万，其中彝、佤、拉祜、傣、布朗等 23 种少数民族人口占 40.9%。由于地处边疆、民族众多、基础薄弱、发展滞后，该市贫困问题比较严峻，下辖 7 县 1 区均属国务院批准确定的滇西边境片区县，占滇西边境片区 61 个片区县的 13.11%。除了耿马傣族佤族自治县以外，其余 6 县 1 区都是国家重点扶持贫困县，占云南省 73 个国家重点扶持贫困县的 9.59%。调查显示，当地贫困人口的致贫原因来自很多方面。具体来说：一是缺乏劳动力，家庭成员年老或残疾。现有贫困户中，部分人员丧失劳动能力，此类贫困户很难通过自己的努力脱贫，需要政府和社会对他们进行救助。二是长期患病或突患疾病和重病。部分贫困户长期生病或患重大疾病，治疗费用成为沉重负担，这类贫困户因为长期积累的医疗费用和长期生病压得他们喘不过气来，自身无能力和信心摆脱贫困。三是自然环境较差。绝大部分贫困人口生活在山区，农户居住分散，交通不便，一定程度上制约了贫困户发展经济。四是缺资金、缺项目。这类贫困农户的经济状况一般处在脱贫的临界线上，通过向其提供增收项目，并在资金、信息等方面给予帮助，能够使其尽快摆脱贫困。五是文化素质偏低。许多贫困人口因贫困而失学，又因失学而成为新一代贫困人口，由于文化素质低，发展家庭经济缺计划、缺技术、缺管理能力，外出打工收入也与非贫困户有很大差距。六是自然灾害易发、多发。有的农户本来家庭经济状况就差，如再遭天灾人祸，或是家庭成员突然伤残、死亡或遭遇其他自然灾害等，就可能造成贫困或返贫。七是供养子女读书，负担沉重。少数贫困人口因供养子女读书而致贫，这类贫困户随着子女读书毕业和就业以后，一般能够摆脱贫困。

（三）贫困程度深

连片特困地区大多贫困区域面积大、贫困人口众多，并且贫困程度较深，存在"人口困难、财政困难、扶贫困难"的多难现象，对治贫手段的综合性要求特别高，减贫任务非常艰巨。尽管各级政府加大对连片特困地区的扶贫开发力度，但是这些地区贫困发生率仍然较高，贫困人口的绝对规模和相对规模都比较大。比如，云南省内现有

4个连片特困地区（即滇西边境片区、乌蒙山片区、迪庆藏区、石漠化片区），贫困面广、贫困程度深的问题比较突出。截至2015年末，全省仍有88个贫困县，居全国第一位，共计471万贫困人口，居全国第二位，贫困发生率达到12.7%，比全国平均水平高出7个百分点，其中贫困发生率高于30%的县有9个，最高的福贡县达到41.96%。又如表3-2所示，以湖南省宜章县为例，全县有贫困村120个，占到全县行政村的34.4%；贫困人口31.5万人，占到全县总人口的51.3%。可见，该县的贫困绝不是轻度的表面贫困，而是重度的深层贫困。

表3-2　调研地区部分市县的贫困情况

贫困地区	湖南		广西		江西		云南	甘肃	
贫困市/县	宜章	汝城	田阳	田东	宁都	瑞金	凤庆	陇西	武山
贫困村（个）	120	90	50	41	65	49	43	45	111
占全部行政村比率（%）	34.4	29.2	32.9	25.5	44.8	21.9	23.5	18.4	32.3
贫困人口（万人）	31.5	6.13	6.32	6.7	12.3	10.5	4.0	5.97	5.91
占总人口的比率（%）	51.3	15.3	16.6	15.6	17.1	15.4	8.5	13.8	13.9

注：上述数据均由调研地区提供，笔者进行整理。

（四）贫困类型多样化

连片特困地区的贫困表现出了类型多样、彼此交叉融合的特点。衡量是否贫困有多个维度，比如经济、能力、权利等，贫困也相应地包括物质贫困、经济贫困、能力贫困、权利贫困等。调查显示，连片特困地区的贫困既表现为经济贫困，也表现为能力贫困，还表现为权利贫困。在没有摆脱传统收入低下的经济贫困外，能力贫困和权利贫困也逐渐凸显。总体来看，任何一种贫困都是一种"资本的贫困"。资本一般可以分为经济资本、文化资本、人力资本、社会资本和政治资本五大类。与之相对应，"资本的贫困"可以分为收入贫困、资源贫困、能力贫困、网络贫困和权利贫困五大类。在连片特困地区，收入贫困主要体现为收入低下、来源单一等稳定性差的贫困；资源贫困主要表现为自然环境、历史地理等生态脆弱的贫困；能力贫困主要表现为综合素质、文化资本等能动性差的贫困；网络贫困主要表现为社会网络、社会资本等拓展性弱的贫困；权利贫困主要表现为政治赋权、民主参与等资格性差的贫困。这些贫困不是单独存在的，往往是彼此交叉、相互影响、共生共存的。比如，经济资本往往直接决定或间接影响文化资本、人力资本和社会资本的获得。如果贫困户在收入上摆脱了贫困，他们可以通过不同的方式影响个人或家庭，从而实现文化的提升、交往的增多、权利的争取等；另一方面，当这些因素改变了，又会进一步巩固收入的稳定增长。

（五） 扶贫攻坚难度大

从地理分布来看，现有贫困人口特别是绝对贫困人口，主要集中在自然条件恶劣、基础设施落后、社会发展程度低的连片特困地区。如前所述，这些地区普遍具有贫困范围广、贫困人口多、致贫原因复杂、贫困类型多样、贫困程度深等特点，这就决定了这类地区的扶贫攻坚难度很大。而且，扶贫脱贫是一个演进的过程，越往深入、越往高水平推进越难，随着时间的推移，连片特困地区的扶贫开发会显得更加艰难。另外，这些地区返贫现象比较突出，包括自然灾害返贫、重病医疗和子女教育返贫、资源开采和生态破坏返贫等，返贫类型多，发生频率高，这就增加了贫困的长期性，加大了扶贫脱贫的难度。以江西省某贫困县为例，贫困村、贫困户大多居住在洪涝、干旱、低温冻害等自然灾害频发区和库区、深山区，再加上贫困户脱贫不稳固、自我发展能力不强、发展后劲不足等因素，遭遇天灾人祸极易造成返贫。据统计，全县每年因自然灾害造成的直接经济损失在

1.8 亿元以上，因灾返贫人口达近万人。连片特困地区的贫困问题是个难啃的"硬骨头"，截至 2017 年末，我国尚有 3046 万农民生活在国家贫困线标准以下。为实现 2020 年消灭绝对贫困的目标，未来 3 年内年均要减贫 1000 万贫困人口，可谓时间紧迫、任务艰巨、责任重大。

二　连片特困地区政府、企业及贫困群众的需求分析

（一）连片特困地区政府的需求分析

通过政府座谈会了解到，各地政府普遍反映的需求主要表现为：加强贫困地区基层公共服务平台建设；在就业补助资金和社保转移支付等方面，亟须上级政府加大对贫困地区的倾斜力度；希望取消或减少上级帮扶项目要求县级财政配套资金份额等。

1. 加强贫困地区基层公共服务平台建设

当前人社工作的服务对象已由城镇职工扩大为城乡居民，服务触角由市、县加快向乡镇（街道）、社区（行政村）延伸，各项经办业务的工作量剧增。但是，队伍配置、工作经费、基础设施和信息化建设却难以满足实际工作需要。2016 年初，重庆市曾对下辖 17 个区县进行摸底调查，其中有 7 个贫困县因为服务网点缺乏、服务设施落后等问题影响正常工作开展，迫切需要加强基层服务大厅建设。

在江西省赣州市调研时，当地政府反映人员队伍、工作经费、基础设施和信息化建设都难以满足实际需要。一是人员编制不足。全市社保机构编制 944 个，编制配备与服务对象比达 1:10106；全市就业机构编制 894 个，编制配备与服务对象比达 1:10671。全市人社系统

工作人员中专职人员仅占 58.6%，临时聘用人员占 41.4%，特别是基层服务平台工作人员严重缺乏，大多数乡镇劳动保障事务所仅有两名工作人员。二是工作经费缺乏。乡镇（街道）虽已基本落实机构承担就业和社会保障工作，但是机构性质不一，工作经费来源复杂，难以得到有效保障。在基层劳动就业和社会保障服务平台中，有财政经费保障的占 76%，仍有 24% 需要自筹经费；年度工作经费不足以发放人员工资及补贴，经费短缺情况比较严重。三是多数县（市、区）基层服务场所的基础设施建设落后，办公设备陈旧，难以满足开展人力资源社会保障公共服务的基本要求。以某贫困县为例，全县 24 个乡镇和 1 个工业园的基层劳动保障所业务办公用房总面积 487 平方米，平均每个劳动保障所的面积仅有 19.48 平方米，还有 11 个劳动保障所没有独立的办公服务场所，大部分劳动保障所办公场所狭窄、桌椅破旧，一些必备的工作设备不能到位，办公服务条件简陋，导致办事效率低，难以满足群众日益增长的服务需求。四是由于地方财力有限，信息化建设推进缓慢。赣州市人力资源社会保障信息化建设主要依靠自行筹资建设，信息系统建设不够完善，没有建立统一的数据中心，相关的业务资源不能共享，信息化建设资金和设备缺口较大，特别是县级以下乡镇、行政村的计算机等基本办公设备远远不能满足实际工作需要。

2. 在就业补助资金和社保转移支付方面，亟须上级政府加大对贫困地区的倾斜力度

近年来，中央和省级财政已经给予贫困地区较多的资金支持，但是由于这类地区长期经济发展滞后，贫困人口基数大，实施人社扶贫对资金的需求量很大，以致上级政府拨付的帮扶资金在地方仍然不够用。一方面，由于贫困地区社保扩面难度较大，医保基金运行风险日益凸显，基本养老保险基金缺口较大，亟须上级政府加大社保转移支付力度。另一方面，就业资金投入不足，不能满足贫困地区开展就业创业工作的实际需要，特别是职业培训不能大范围开展，创业担保贷款贴息缺口较大。以某贫困地级市为例，上级财政每年下拨促进就业资金1200多万元，而该市每年用于购买公益性岗位安置就业困难人员约400万元，高校毕业生见习补贴200万元，社保补贴250万元，特定政策补贴200万元。这样一来，上级财政拨付的就业补助资金基本用完，其他经费如职业培训补贴、职业介绍补贴等都要在市级就业配套资金中列支，而市级财政困难，就业配套资金有限，直接影响了就业扶贫工作的顺利开展。

3. 取消或减少上级帮扶项目要求县级财政配套资金份额

在地方座谈会上，不少同志反映基层就业和社会保障服务平台建设项目的中央和省级财政扶持资金有限，要求县级财政配套较多部分，但是由于地方财力有限，地方政府觉得项目申请下来，执行压力很大，因此出现不愿主动申请此类项目的现象。以某贫困县基层就业和社会保障服务平台建设项目的资金配套情况为例，项目总投资1016万元，其中需要中央预算内投资337万元，省级财政配套资金337万元，县级财政配套资金342万元。截至调研时，除了中央资金到位以外，省级财政配套资金没有到位，县级财政也仅拨付55万元，距离划定的目标差距甚远。贫困地区的地方财政本来就是"吃饭财政"，如果中央和省级对口支援项目，再要求县级配套资金，这对本来吃紧的地方财政来说无疑压力很大。为使这类重大帮扶项目更好地推动贫困地区的经济社会建设，中央和省级政府在对口支援地方项目时，需充分考虑地方财政的承受能力，适当增加上级财政配套的资金份额，取消或减少帮扶项目要求县级财政配套的资金份额。

（二）连片特困地区企业的需求分析

笔者实地走访了贫困地区的经营困难企业和扶贫龙头企业，旨在了解这些企业的用工需求、目前享受的扶持政策、遇到的现实困难以及希望得到哪些方面的政策扶持。下面将通过案例研究，说明连片特困地区部分调研企业的实际情况及其政策需求。

案例一：某贫困县的制药企业

企业基本情况：企业于 2005 年成立，是一家集中药种植、研发、中药饮片加工、中药有效成分提取为一体的制药企业。公司采取"公司+院校+贫困户"的经营模式，建成中药材种植基地 3.5 万余亩，2015 年销售收入达 6000 多万。目前生产和销售岗位共计 161 人，其中一线岗位有 80 多人，农村户口用工 30 多人。普通工人平均工资 2400 元，缴纳五项社会保险。

企业目前享受的政策：一是稳岗补贴，当地规定对全员参保、足额缴费且年均员工流失率不超过当地登记失业率的企业，可以返还其当年失业保险缴费的 50%。二是社保缴费"双基数"政策，当地规定对符合审批条件的经营困难企业，允许其在一定期限内社保缴费基数从 1705 元下调至 1500 元，劳动者仍按正常缴费基数缴费。

受到经济下行影响，近年来企业经营比较困难，企业负责人反映目前缺乏针对特困地区企业的优惠政策，企业面临的主要困难有：第一，社保缴费大概占企业用工成本的 30%~40%，这对企业来说压力很大。如果按当地上年度社会平均工资（56329 元）的最低档次缴费，企业一年大概要承担 200 万元。一方面，当地社会平均工资标准定得较高，甚至比一些毗邻发达地区还要高；另一方面，目前社保缴费比例过高，企业缴纳的养老保险费率为 20%，医疗保险费率为 9.5%，失业保险费率为 2%，工伤保险费率为 0.5%，加起来达到 32%。第二，制药是一个特殊行业，药检等车间对人员的专业技术要求较高。但是，企业引进高端技能人才很难，即使引进后也留不住。原因是当地经济落后，待遇较差。

企业建议及需求：一是建议国家根据贫困地区的经济发展水平，对这些地区企业社保缴费基数和缴费比例给予优惠政策。二是建议国家出台鼓励政策，对企业参与扶贫进行引导。比如，对企业雇用"4050"就业困难的农村贫困劳动力，政府应给企业一些补贴政策，但是目前企业没有享受到。三是建议政府帮助企业招聘急需的专业技术人才。四是建议政府帮扶当地特色产业发展，这样能吸纳当地农民就业，带动农民增收脱贫。

案例二：某贫困县的农民专业合作社联合社

企业基本情况：该企业是当地扶贫龙头企业，注册资金2000万元，现有社员2124户，带动农民养殖户5000余户，主要从事金荞麦、金银花等中药材的种植、加工和销售。近年来，企业积极参与精准扶贫行动，推出扶贫产业项目发展模式，带动贫困农户发展种植业，实行统一配送种子、统一配送肥料、统一配送农药、统一技术指导、统一保护价回收。

企业目前面临的困难主要是资金缺、融资难、人才少，但是企业只能享受到农委的优惠政策，人社部门的创业担保贷款政策因为门槛条件要求较高，企业无法享受到这项优惠政策。企业负责人反映创业担保贷款政策对劳动密集型小企业的惠及面不高，建议放宽对创业担保贷款的限制条件。2013年9月18日，财政部联合人社部、中国人民银行发文《关于加强小额担保贷款财政贴息资金管理的通知》（财金〔2013〕84号），其中对贷款范围、贷款额度和贴息优惠等方面都有所收紧。以重庆市创业担保贷款政策为例，一是要求企业参加"五险"作为前置条件，但按目前的社会平均工资计算，人均社保缴费一年达到15000元左右，这对小微企业来说比较困难；二是政策优惠力度不大，符合政策规定条件的劳动密集型小企业申请创业担保贷款，仅按央行公布的同期贷款基准利率的50%贴息，导致企业申请积极性不高。

案例三：某贫困县的扶贫龙头企业

当地政府提出要构建政府、企业多方力量结合的扶贫机制，根据政府号召和政策引导，该企业对贫困乡镇和贫困村实行定点帮扶。目前，企业已经投入扶贫资金近千万元。扶贫方式主要有：一是针对农村富余年轻劳动力，企业对其组织上岗培训并提供就业岗位，如酒店服务员、厨师等岗位。二是对年龄偏大、缺乏劳动能力的人员，企业通过流转他们的土地，返聘他们搞种植养殖，增加其收入。三是教育扶贫，企业援建一所留守儿童民间学校。

企业目前遇到的困难及需求：一是缴纳社保费用比较困难，建议政府降低社保缴费基数和缴费比例。二是企业组织上岗培训和在岗培训的费用支出较大，包括教师费、受训人员期间的基本生活费等，人均培训费用达到5000元，但是目前人社部门仅按人均400元的标准发放培训补贴，远远不够用，建议政府提高上岗培训和在岗培训的补贴标准。三是企业属于服务行业，人员流失率较高，企业因此遭受经济损失，建议《劳动合同法》对员工离职行为进行规范，以保障企业利益。

综上所述，这些调研企业的政策需求主要表现为：一是希望政府在社保缴费政策方面对贫困地区的企业给予政策倾斜。二是希望政府帮助企业招聘急需的专业技术人才。三是建议政府对参与扶贫、主动承担社会责任的企业给予优惠政策。四是鉴于创业担保贷款政策对劳动密集型小企业扶持不够的现状，建议政府对创业担保贷款放宽限制条件，并在贷款范围、贷款额度和贴息优惠等方面加大扶持力度。五是建议政府提高职业培训补贴标准，切实减轻企业组织上岗培训和在岗培训的成本负担。

（三）连片特困地区贫困群众的需求分析

笔者通过座谈访谈、问卷调查等方式，对走访贫困村的贫困群众进行抽样调查，旨在摸清他们在技能培训、就业创业、医疗保障、养老保障、基层公共服务、扶贫政策了解及享受等方面的意愿、困难和需求，以便为因人施策、分类施策提供前提和基础。此次调查对象主要是重庆、云南、甘肃、贵州等地的贫困群众，共计发放问卷1500份，获得有效问卷1080份，有效回收率72%。

受访贫困群众的主要特征：一是年龄以40～60岁为主。二是文化程度普遍不高，以初中以下学历为主。三是收入来源以务农为主，务工收入的占比较低。四是致贫的主要原因依次是：除农业以外，无其他收入来源（占34%）；抚养子女负担重（占23%）；家庭成员身患重病（占17%）；赡养老人负担重（占11%）；缺乏劳动力（占11%）等。五是绝大多数调查对象家中都有具备劳动能力成员。其中，家中有1~2名成员具有劳动能力的情况较多，占到63.4%。根据问卷调查结果（具体参见附件2），这些贫困群众在技能培训、就业创业、医疗保障、养老保障、基层公共服务、扶贫政策享受等方面的意愿、困难和需求情况如下。

1. 贫困群众的培训意愿以及需求

（1）在有效调查样本中，84%的人没有政府颁发的职业资格证书；14%的人有政府颁发的初级职业资格证书；仅有1%的人有中级职业资格证书，1%的人有高级职业资格证书，说明贫困群众的职业技能水平普遍偏低。

（2）贫困群众参加培训意愿不强，愿意参加培训的调查对象仅占32%。与此相对应，仅有34%的调查对象参加过当地政府组织的技能培训。如图3-1所示，在不愿意参加培训的受访者中，主要原因是觉得培训课程不实用，其次是认为培训时间过长和培训期间缺乏经济收入，说明政府在提供技能培训时应更注重实用性。

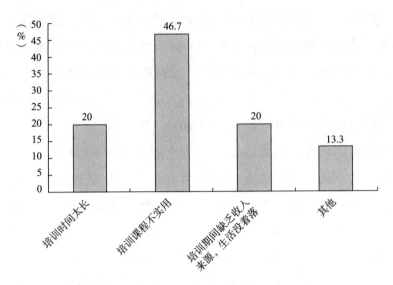

图 3 - 1 贫困群众不愿意参加培训的主要原因

（3）绝大多数调查对象（占88%）希望政府在组织培训后为其推荐工作岗位，实现技能培训与劳动力转移工作的有效衔接，从而为他们提供更多的就业机会。

（4）如图 3 - 2 所示，在对培训内容的需求方面，调查对象更多

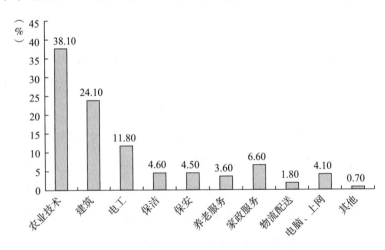

图 3 - 2 贫困群众希望政府提供的技能培训内容

地希望政府提供农业技术方面的培训（占 38.1%），其次是建筑方面的培训（占 24.1%），然后是电工、家政、保洁、保安等方面的培训，而对电脑上网、物流配送等方面的培训需求很少。

2. 贫困群众的就业、创业意愿以及需求

（1）贫困群众的就业意愿以及需求。

关于就业困难。问卷调查显示，调查对象家中有人外出务工的占到 67%，无人外出务工的占到 33%。其中，没有外出务工的主要原因是需要照顾家庭（占 41%），还有 27% 的人是因为缺乏外出务工渠道。这些贫困群众反映他们在找工作时遇到的主要困难依次排序是：文化程度低（占 32%）；缺乏职业技能（占 30%）；就业渠道狭窄，缺乏就业机会（占 13%）；年龄偏大遭到歧视（占 12%）；获取招工信息比较困难（占 7%）；担心不能适应外面环境（占 3%）；身患残疾遭到歧视（占 3%）。如图 3-3 所示，与困难相对应，他们希望政府能提供技能培训（占 28.8%）、政策咨询（占 21.5%）、就业援助（占 14.6%）等方面的就业帮扶措施。

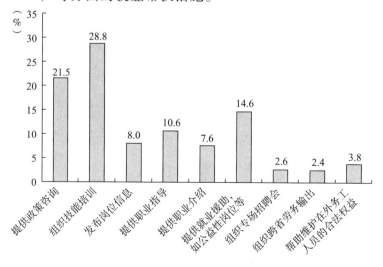

图 3-3　贫困群众希望政府提供的就业帮扶措施

关于就业意愿。大多数调查对象表示如果可能的话，还是愿意外出务工，以增加收入来源。71%的人表示在找工作时优先考虑工资收入水平，说明追求更高的收入是贫困劳动力转移的最大动力机制；还有24%的人优先考虑离家距离远近，以方便照顾家庭。另外，59.8%的人表示在找工作时优先考虑通过亲朋好友介绍，还有20.3%的人考虑自发外出找工作，仅有14.8%的人考虑通过公共就业服务机构推荐找工作，说明目前贫困群众找工作的主要途径还是通过亲朋好友介绍，其次是自发外出，而通过政府部门推荐找工作的占少数。

关于理想的务工地点。此次调查对象以40～60岁中年群体为主，这部分群体的就业意愿与年轻群体不同，他们不太想外出务工，更愿意就地就近就业。如图3－4所示，41.9%的调查对象期望在本地县区区域打工，38.2%的人期望在本地乡镇区域打工，说明多数调查对象的理想务工地点是本地区域内，而不愿离家太远，因为在本地务工的转移成本和生活成本都比较低，同时又能就近照顾家庭。

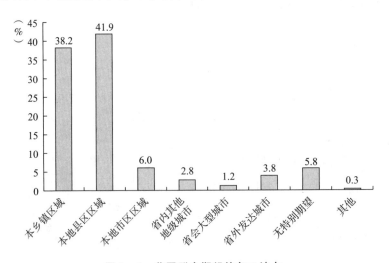

图3－4　贫困群众期望的务工地点

　　贫困群众期望从事哪种工作。如图3-5所示，37.9%的调查对象希望从事建筑装修行业的工作，33.3%的人希望从事生产制造行业的工作，还有28.8%的人希望从事保洁保安、住宿餐饮等其他方面的工作。相比而言，受限于文化素质低，希望从事公共管理、文化教育和技术服务等行业工作的人很少。

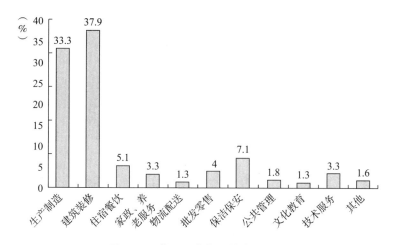

图3-5　贫困群众期望从事的工作

　　关于理想的务工收入。43%的调查对象选择每月打工收入比较理想的范围是2001~3000元，33%的人选择3001~4000元，12%的人选择1001~2000元，9%的人选择4000元以上，还有3%的人选择1000元以下。可见，大多数贫困村民的理想务工收入是每月2001~4000元。

　　（2）贫困群众的创业意愿以及需求。

　　在创业方面，67%的调查对象表示自己愿意创业，说明贫困人口的创业意愿较强。当被问及创业可能遇到的困难时，多数人选择缺资金（占32.2%）、缺技术（占24.1%）、缺乏创业经验（占10.7%）和自身创业能力不足（占10.4%）。如图3-6所示，与困难相对应，调查对象希望政府为贫困人口提供一系列的创业帮扶措施，首先是提供资金支持，如创业担保贷款等；其次需要提供政策咨询以及出台扶持政策；此外，还需在组织创业培训、推荐创业项目、设立农民创业基地等方面采取措施予以帮扶。

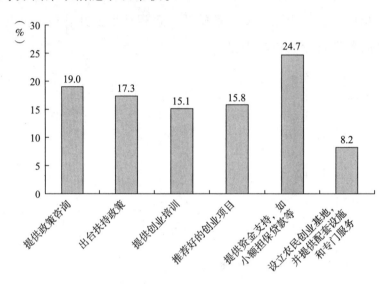

图3－6　贫困群众希望政府提供的创业帮扶措施

3. 贫困群众的医疗支出以及保障情况

（1）医疗费用支出情况。

通过对各地贫困原因进行调查，因病致贫的现象比较普遍，身体健康与否是大多数农村家庭是否陷入贫困的重要影响因素。近年来，底层群众接受医疗救治的费用大幅增加，贫困户家庭的收入水平低而且不稳定，如果家庭成员中有人患病，不仅会缩减家庭用于生产和发展的可支配劳力，还会把整个家庭拖进贫困的泥潭不能自拔。根据贫困村的走访调查显示，贫困户家庭各项支出中基本生活开支、医疗支出、农业生产投入和教育投入是最主要的支出项目，而医疗支出在所有支出中排在前位。问卷调查显示，89%的调查对象表示看病支出影响了家庭经济状况，其中有55%的人认为看病支出对家庭影响较大或者很大（参见图3－7）。

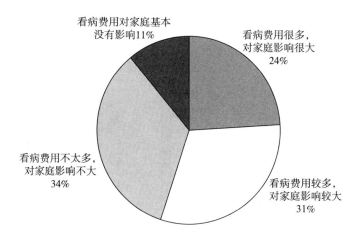

图 3 - 7 看病支出对家庭经济状况的影响

（2）医疗保险的参保以及缴费情况。

调查对象基本都参加了医疗保险，其中又以参加新型农村合作医疗为主（部分调研地区在笔者调研时尚未实现城镇居民医保和新型农村合作医疗的整合）。但是群众普遍反映医疗保险的缴费标准上涨较快，缴费存在困难，希望政府能对个人缴费部分给予补贴。重庆市2015年城乡居民医疗保险的缴费标准是 80 元/人·年，2016年已经提高到 110 元/人·年，每人即使增加 30 元，贫困群众家庭经济负担也会很重。尽管各地居民收入高低、地方政府决策等因素使缴费标准存在细微差别，但是贫困群众的医保缴费主要集中在每人每年 110 ~ 120 元。即便如此，仍有 61% 的调查对象表示参加医疗保险需要缴纳的费用由自己承担有压力。83% 的调查对象希望政府对贫困人口参加医疗保险的个人缴费部分进行补贴，如图 3 - 8 所示，其中有 24.8% 的调查对象希望政府补贴的比例是 50%，20.6% 的人希望政府补贴的比例是 80%，17% 的人希望政府补贴比例达到 100%。

（3）医疗保险的报销情况。

调查显示，虽然有 70% 的调查对象表示自从参加医保后，看病由自己承担的医疗费用减轻了，但是近一半的调查对象认为医疗保险的

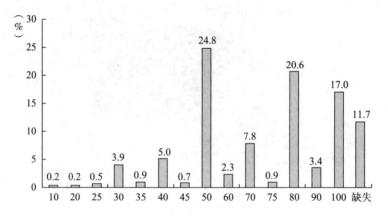

图 3 - 8　希望政府补贴医疗保险个人缴费的比例

报销比例不合适，门诊部分的报销额度太少。另外，近一半的人表示在办理转诊、报销等手续时不太方便或不方便。

（4）大额医疗支出情况。

近一半的调查对象表示，近三年来家中发生过大额医疗支出以致家庭生活困难的情况，而且绝大多数调查对象（占93%）认为有必要参加大病保险以应对大额医疗支出。

（5）医疗卫生服务情况。

笔者走访某个贫困村时，与当地县级管理干部就医疗卫生服务情况进行访谈。从访谈中了解到贫困地区基层医疗卫生状况差、医护人才紧缺、医疗设施设备落后、救治能力不强等问题严重，贫困群众急切需要提高医疗卫生服务水平。解决看病难的问题，这不仅是贫困群众的迫切需求，更应该是政府反贫困战略中的重要组成部分，而以政府为主的公共医疗体系的建立和为无支付能力的贫困人口免费提供基本医疗服务是其基本的内容。

专栏 3-1　关于基层医疗卫生服务情况的访谈内容节选

问：请问目前县医疗卫生工作存在哪些困难？

答：一是乡镇卫生院的人才紧缺，乡镇卫生院都是县一级卫校毕业的，目前乡镇卫生院好多人没有职业资格，只能拿资金进行培训，但是现在我们还拿不出钱来进行培训。二是乡镇卫生院都是国家出钱来建设的，但是地方财政需要配套，现在县里财政状况相当紧张，配备不起。三是村卫生院的体制问题。村卫生院学医的人少，选出一个村医生来很难，而且村医生的待遇相当低，许多人不愿意做这行。另外，这个队伍年龄老化现象严重，大多数村医生都是50~60岁的人，甚至还有80岁的村医在做事。而且，村医生的水平比较低，都是助理的水平。现在的村医生能做的事也不多，只能进行一下预防接种，统计一下人员死亡的数字。

问：那老百姓看病的问题能得到解决吗？

答：小一点的疾病就是挺着，大一点的疾病就需要到县里了，结果造成本身没有钱的百姓就更加贫困了。

4. 贫困群众的养老保障情况

（1）养老保险的参保以及缴费情况。

调查显示，绝大部分调查对象都参加了养老保险。83.2%的人每年缴纳养老保险的费用标准是100元，说明大多数贫困群众的投保金额较低，这意味着他们老年阶段的养老金水平偏低。即便如此，仍有58%的调查对象表示参加养老保险每年需缴纳的费用由自己承担有压力。大部分调查对象（占82%）表示政府有必要对贫困人口参加养老保险的个人缴费部分进行补贴，如图3-9所示，其中有23.9%的人希望政府补贴的比例是50%，16.2%的人希望政府补贴的比例是80%，还有18.7%的人希望政府补贴的比例是100%。

（2）养老保险待遇情况。

根据在重庆调研时的情况，虽然城乡居保的个人缴费档次从100元

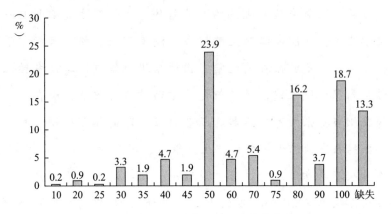

图 3-9　希望政府补贴养老保险个人缴费的比例

到 2000 元不等，但是农村贫困人口基本都按最低档次 100 元缴费，每月领取养老金水平偏低（95 元），而当地同期最低生活保障待遇 260 元，不少贫困群众反映养老金待遇太低，不能保障基本生活水平。根据问卷调查结果，30.5% 的调查对象表示家中老人每月领取的养老金无法满足日常开销，27.6% 的调查对象表示养老金离满足开销还差一点，25.2% 的调查对象表示养老金基本能满足日常开销，只有 4.5% 的调查对象表示养老金完全满足日常开销而且尚有结余（参见图 3-10）。

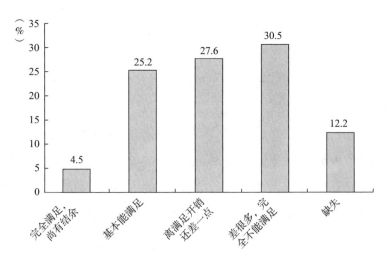

图 3-10　养老金能否满足日常开销

5. 基层公共服务提供情况

调查显示，仅有23%的调查对象表示所在村庄建有劳动保障服务站，77%的人表示所在村庄没有建立劳动保障服务站，说明基层劳动保障服务平台的覆盖范围不够全面。另外，40%的调查对象表示平时办理劳动保障业务不方便，说明基层服务提供的便捷性还有待提高。根据与某县贫困群众访谈的情况，由于村级服务平台尚未建立，每年老年人需要到乡镇社保所进行指纹认证。很多老人腿脚不方便，家里离乡镇很远，又多是崎岖山路，这给老人带来很大的不便和困难，因此他们希望能在村里设立服务站或者采用一些便捷的上门服务方式。

6. 人社扶贫政策的了解和享受情况

（1）人社扶贫政策的了解情况。

调查显示，多数贫困人口对人社扶贫政策的了解程度不高，甚至因为不了解政策产生了较大的误解和意见，亟须政府加大政策宣传力度。只有28%的调查对象对当地政府在就业创业、技能培训、社会保障等方面推行的扶贫政策及措施有所了解，还有72%的人表示不太了解或不了解。以创业扶持政策为例，64%的调查对象对政府出台的创业扶持政策不太了解，10%的人表示完全不了解，仅有26%的人表示了解政策。在某地调研时，当地城乡居民医疗保险的缴费标准110元，其中80元划到门诊个人账户，还有30元划到门诊统筹账户，但是群众对这30元的去向不知情，并对政策产生怀疑，说明政府在政策宣传力度上有待进一步加强。

（2）人社扶贫政策的享受情况。

目前，人社部门推行的扶贫政策及措施的惠及面和实施效果有待进一步加强。在政策惠及广度方面，58%的调查对象表示没有享受过当地政府在就业创业、技能培训、社会保障等方面推行的扶贫政策及帮扶服务。多数调查对象表示没有接受过政府提供的就业帮扶，仅有

40%的人表示接受过政府提供的就业帮扶，这些数据说明人社扶贫政策实施的覆盖面不够广，仍需进一步扩展政策惠及面，力争使更多的贫困人口享受到人社扶贫政策和帮扶服务。在政策实施的帮扶效果方面，1/3的调查对象认为当地政府开展人社扶贫对贫困人口的帮助一般或者不明显。在群众满意度方面，42%的调查对象对当地政府提供的就业帮扶效果表示满意，30%的人表示效果一般，还有28%的人表示不太满意或不满意。仅有40%的调查对象对政府组织贫困人口参加职业培训的效果表示满意，33%的人表示效果一般，还有27%的人表示不太满意或不满意。上述数据说明各地政府部门仍需加强调查研究，积极采取措施，更好地推进人社扶贫工作，进一步提升扶贫政策的实施效果，争取让更多的贫困群众满意。

第四章
典型地区人力资源社会保障
精准扶贫案例研究

近年来，我国部分贫困地区的人社部门在技能培训、就业创业、社会保障等方面采取帮扶措施，探索开展扶贫实践。那么，各地开展人社扶贫工作现状如何？在推进人社扶贫政策落实过程中，地方探索出了哪些成功做法，积累了哪些先行经验，遇到了哪些困难和问题，又该如何加以解决？笔者带着这些问题，先后赴云南、甘肃、重庆等地的多个市、县展开实地调研和持续跟踪，通过问卷调查、座谈访谈等多种方式获取数据和信息，并对这些地区人力资源社会保障精准扶贫的实施情况进行案例研究，最终形成了关于云南、甘肃和重庆三省市的研究报告。

笔者之所以选取上述三个地方作为案例研究对象，主要基于以下几点考虑：第一，从地理位置看，云南、甘肃和重庆分别代表了西南地区、西北地区和中西部地区，同时也是连片特困地区分布比较集中的省份。第二，从贫困情况看，三地比较具有典型性，均呈现出农村贫困面广、贫困人口多、贫困程度深等特点，都是我国脱贫攻坚任务较重的省份。第三，从调研情况看，三地结合省情域况，在就业扶贫、技能扶贫、社保扶贫等方面较早出台配套政策，积极采取帮扶措施，取得了比较明显的成效，积累了不少先行经验。同时，三地在推进人社精准扶贫的实践中所遇到的困难和问题都比较具有代表性，很值得加以研究。

一 云南省人力资源社会保障精准扶贫情况研究

笔者在 2016 年前往云南省临沧市、迪庆藏区自治州展开实地调研，重点了解连片特困地区的贫困现状、实际困难及脱贫需求；各地推进人社扶贫采取的政策措施、实施成效以及存在的问题；推进人社扶贫的工作思路及建议等。调研期间，笔者先后参加云南省、临沧市和迪庆自治州三次政府部门座谈会（由省、市、县各级人社、扶贫、发改等部门参加），并与当地多家企业的主管进行集体座谈，了解扶贫龙头企业和经营困难企业的实际困难及其诉求；同时，实地走访了凤山镇红塘村、洛党镇荣上村、小中甸镇和平村等贫困村，走访迪庆藏区贫困藏民家庭，与贫困户代表进行深度访谈，并向其发放调查问卷。根据调研获得的相关数据和信息，对云南省实施人力资源社会保障精准扶贫的实施情况分析如下。

（一） 云南省贫困现状

云南地处我国西南边陲，是一个集边疆、民族、山区、贫困"四位一体"的省份，现有 4 个连片特困地区（滇西边境片区、乌蒙山片区、迪庆藏区、石漠化片区）以及左右江革命老区、昭通市"镇彝威"革命老区、红河州南部山区、怒江州独龙江乡等贫困片区，皆面临起点低、底子薄，发展不充分、不协调等困难。特别是农村贫困面大，贫困人口多，贫困程度深，民族地区、边境地区、革命老区脱贫任务较重，是全国脱贫攻坚的主战场之一。根据调研情况，云南省贫困现状主要表现出以下特征。

（1）贫困面广，贫困程度深。截至 2015 年末，全省共有 88 个贫困县，居全国第一位；贫困人口471万人，仅次于贵州省居全国第二位；贫困发生率达到12.7%，比全国平均水平高出7个百分点，其中贫困发生率高于20%的州（市）有3个，最高的怒江州达到33.1%，贫困发生率高于30%的县有9个，最高的福贡县达到41.96%；贫困地区农村居民人均可支配收入7070元，仅为全省平均水平的85.8%，全国平均水平的61.9%。目前剩下的贫困人口都是脱贫攻坚最难啃的"硬骨头"，越往后脱贫攻坚成本越高、难度越大、见效越缓慢。

（2）致贫原因复杂，以缺资金、缺劳动力、缺技术、因病致贫为主。贫困地区的共性特点主要有：一是生态环境恶化，基础设施差，生产和生活条件困难，受地理条件的影响，脱贫成本较高；二是贫困地区产业发展面临小、散、弱的问题，生产力水平低，主要依靠传统手工劳动，农业产业化程度低；三是人口文化素质低，缺乏劳动技能，贫困群众增收渠道不稳，能力不足。特别是滇东北地区人口密度大、土地荷载重、贫困人口集中，发展空间受限；滇西地区民族、边境、宗教问题复杂交织，贫困程度深，贫困发生率高。截至2015年末，全省贫困户中因缺资金致贫占23.13%，因缺劳动力致贫占19.06%，因缺技术致贫占14.8%，因病致贫占13.69%，因缺水致贫占5.64%，因学致贫占4.96%，因交通落后致贫占4.35%，因其他原因致贫（因残、因灾、缺土地等）占14.37%。

（3）少数民族聚居地区的贫困问题突出。全省现有25个世居少数民族和15个特有少数民族，少数民族人口尽管只占全省总人口的33.4%，但是少数民族贫困人口却占全省贫困人口总数的43.4%。特别是9个"直过民族"① 和8个人口较少民族的建档立卡贫困人口达到70万人，基本处于深度贫困状态，素质型贫困问题突出，很多贫

---

① 直过民族特指新中国成立后，未经民主改革，直接由原始社会跨越几种社会形态过渡到社会主义社会的民族。

困群众不会讲普通话，长期生活在封闭状态，不愿与外界交流，自我发展意愿不强、能力不足。

（4）边境地区脱贫攻坚面临特殊困难。云南与缅甸、老挝、越南相连，陆地边境线长达 4060 公里，有 25 个边境县（市、区），其中 21 个是贫困县，贫困人口 82.9 万人，占全省贫困人口总数的 17.6%。其中，109 个沿边乡（镇）涉及 758 个行政村、8682 个自然村，建档立卡贫困户 9.4 万户，贫困人口 34 万人，贫困发生率达到 17%。这些乡村基础设施十分薄弱，产业发展难度较大，还面临生态环境保护与开发的突出矛盾和毒品、艾滋病等突出问题。

（5）革命老区脱贫攻坚基础薄弱。云南是著名的百色起义策源地、扎西会议召开地和镇彝威革命根据地，全省共有 59 个革命老区县（市、区），国土面积占全省的 54.5%，革命老区人口占全省的 49.3%，革命老区贫困人口占全省的 47.5%。这些地区经济发展相对滞后，社会问题复杂交织，脱贫攻坚任务比较艰巨。

（6）返贫压力较大，脱贫巩固难度大。云南山区、半山区面积占云南省土地面积的 94%，人均耕地面积少，低于全国平均水平，特别是贫困地区山高谷深，很多地区的坡度在 50 度以上，地震、干旱、洪涝、泥石流等自然灾害频发，基础设施建设滞后，公共服务发展不足，因病、因灾、因残返贫问题比较突出，面临脱贫攻坚任务重和巩固成果难的双重挑战。

（二）云南省人力资源社会保障扶贫政策梳理

云南省根据中央脱贫攻坚文件精神，针对当地贫困现状及致贫原因，制定并下发了一系列政策文件，对推进全省扶贫开发工作起到引领作用，特别是在人社扶贫领域制定了很多有效的政策措施，主要集中在技能扶贫、农村劳动力转移就业扶贫等方面。

1. 扶贫开发的相关文件

云南省委、省政府在扶贫开发方面，制定并下发了一系列文件，主要有《云南省农村扶贫开发条例》（省人大常委会公告第 20 号）、《云南省农村扶贫开发纲要（2011～2020 年)》、《中共云南省委　云南省人民政府关于举全省之力打赢扶贫开发攻坚战的意见》（云发〔2015〕14 号)、《中共云南省委　云南省人民政府关于深入贯彻落实党中央国务院脱贫攻坚重大战略部署的决定》（云发〔2015〕38 号）等。

《云南省农村扶贫开发纲要（2011～2020 年)》中有关人社扶贫的内容和表述主要有：第三章第（十三）条要求按照"就业导向、技能为本"的原则，以增强贫困农民创业就业能力为重点，创新培训方式，加大培训力度，完成贫困劳动力培训 200 万人，其中技能培训160 万。重点扶持农村贫困家庭"两后生"继续接受正规职业教育和中长期技能培训。把外输与内转有机结合起来，促进贫困劳动力就地就近转移就业，鼓励支持贫困农民返乡创业。第四章第（二十三）条提出实施民生保障扶贫工程，新增社会保障投入要向农村尤其是贫困地区倾斜。加快新型农村社会养老保险制度覆盖进度，支持贫困地区加强社会保障服务体系建设。

《中共云南省委　云南省人民政府关于举全省之力打赢扶贫开发攻坚战的意见》中涉及人社扶贫的目标：一是社会保障基本公共服务到村到户，实现贫困群众户户有社保，贫困地区城乡居民的基本养老保险和基本医疗保险参保率均达到 98% 以上。二是能力素质提升到村到户，"雨露计划"深入实施，对初、高中毕业未能升学的贫困家庭学生实行 100% 的免费职业技能培训，并积极推荐就业，确保贫困户户均有 1 人接受职业教育或技能培训。

《中共云南省委　云南省人民政府关于深入贯彻落实党中央国务院脱贫攻坚重大战略部署的决定》针对"加强转移就业脱贫"提出

更加具体、细化的政策措施。实施技能扶贫专项行动，加大劳动力培训转移就业力度，免费对贫困户劳动力开展订单、定岗、定向培训，支持贫困群众就地和到省外经济发展较好地区或跨境就业创业，对跨省、跨境务工的贫困人口给予交通补助，加大向东部沿海地区劳务输出的组织服务力度。组织职业院校开展以就业为导向的职业技能培训，确保有条件的贫困户掌握 1~2 项实用技术。进一步加大就业专项资金向贫困县转移支付力度。支持贫困地区建设县乡基层就业和社会保障服务平台，为贫困人口提供职业培训政策信息咨询、职业指导和职业介绍等服务。加大对贫困人口创业政策扶持力度，推动"贷免扶补"创业担保贷款、"两个 10 万元"微型企业培育工程、创业园区扶持等政策措施优先覆盖贫困人口，强化创业培训等扶持政策及创业咨询、创业孵化等服务手段的衔接。对在城镇工作生活一年以上的贫困人口，输入地政府要承担相应的帮扶责任，优先提供基本公共服务，促进有能力在城镇稳定就业和生活的农村贫困人口有序实现市民化。

2. 人社扶贫的相关文件

（1）关于技能扶贫专项行动。

2015 年 9 月，云南省扶贫开发领导小组印发了《云南省技能扶贫专项行动方案》（云贫开发〔2015〕15 号），提出从 2015 年起，利用 5 年左右的时间，围绕贫困地区经济社会发展和促进贫困人口就业创业需要，通过培训一批适应当地产业发展需要的劳动者、转移输送一批技能劳动力、培养一批适应全省重点产业发展的技能人才、创业扶持一批劳动者就业"四个一批"技能扶贫行动，大幅提升贫困地区劳动者就业创业技能，拓宽转移就业渠道，改善创业基础条件，使技能人才发展基本满足当地经济社会发展需要。力争到 2020 年，对每个有劳动能力的适龄贫困人口开展 1 次以上技能培训，让每个有适龄劳动人口的贫困家庭至少有 1 名技能劳动者就业,将人口资源转化为人力资源和人才资本,帮助 100 万贫困人口脱贫。

(2)关于农村劳动力转移就业扶贫行动。

2016 年 5 月,云南省扶贫开发领导小组、省农民工工作领导小组联合印发了《云南省农村劳动力转移就业扶贫行动计划(2016～2020年)》(云贫开发〔2016〕14 号),其中对"十三五"期间农村劳动力转移就业扶贫行动的目标任务、实现路径、方法步骤及保障措施等方面都做了具体说明。关于目标任务,聚焦滇西边境、乌蒙山、迪庆藏区和石漠化 4 个集中连片特困地区,以边境县(市)、藏区县、少数民族地区特别是"直过民族"地区为重点区域,以 93 个贫困县471 万建档立卡贫困人口中的劳动力为主要对象,全面实施农村劳动力转移就业扶贫行动计划,确保 2016～2020 年全省培训农村劳动力1500 万人次,实现新增转移就业 500 万人次以上(其中贫困劳动力新增转移就业 80 万人次以上)。关于实现路径,要走产业带动、城镇化推动、省内转移、跨省转移、跨国跨境转移"五种途径",具体做到"五个一批":即依托乡村建设和地方特色产业,带动一批农村劳动力就近实现产业间转移就业;依托城镇化和"五网"(路网、航空网、能源网、水网、互联网)建设等重点项目,带动一批农村劳动力实现城乡间转移就业;依托区域经济发展,带动一批农村劳动力实现省内区域间转移就业;依托驻外劳务服务机构,组织一批农村劳动力实现省际转移就业;依托区位优势,组织一批农村劳动力实现国际(区域)间转移就业。

(三)云南省人力资源社会保障扶贫工作情况

近年来,云南省各级人社部门贯彻落实《中共云南省委 云南省人民政府关于举全省之力打赢扶贫开发攻坚战的意见》等文件精神,立足技能扶贫专项行动、农村劳动力转移就业扶贫行动、社会保障兜底脱贫等方面，综合实施人社扶贫政策措施，人社扶贫成效比较明显。2016 年，全省累计实现转移就业 1036.3 万人次，完成 1000 万人次目标的 103.63%；新增转移建档立卡贫困劳动力 30.17 万人次，完成全年目标 15 万人次的 201%；针对"直过民族"实现转移就业 2.51 万人，完成全年任务的 104%。全省开展各类农村劳动力培训 352.62 万人次，完成年度计划 300 万人次的 117.54%；其中，针对建档立卡贫困劳动力培训 78.51 万人次，完成全年 60 万人次目标的 130.86%；针对"直过民族"开展技能培训 5.31 万人，完成全年任务 2.72 万人的 195%。

1. 实施技能扶贫专项行动，提升贫困人口就业创业技能

全省重点组织贫困地区农村新成长劳动力和转移就业劳动力开展就业技能培训。通过培训一批适应当地产业发展需要的劳动者、转移输送一批技能劳动力、培养一批适应全省重点产业发展的技能人才、创业扶持一批劳动者就业"四个一批"的技能扶贫专项行动，大幅提升贫困地区劳动者就业创业技能。在镇雄、会泽、贡山、独龙江乡前期试点的基础上，试点范围继续扩大到东川、墨江、永平、施甸、屏边、砚山、维西等 10 个县区，省政府为每个试点县安排下拨 100 万元技能扶贫专项资金。目前，各试点县陆续实施技能扶贫专项行动，帮助农村贫困人口通过技能提升来增强就业竞争力。比如，独龙江乡组织开展木雕职业技能培训、中式烹饪厨师培训、优秀妇女厨艺技能培训、农村群众厨艺技能培训、刺绣培训等各类培训班 6 期，共计培训贫困劳动力 536 人次。香格里拉市制定并下发《关于精准扶贫劳动力转移就业、技能培训实施方案》等文件，迅速在下辖 11 个乡镇开展精准扶贫劳动力技能培训。2016 年根据不同人员的培训需求，全市组织开展了四类培训：一是农村精准扶贫劳动力实用技能培训，组织培训 3800 名 16～59 周岁的贫困人员，帮助贫困群众掌握一至两门种植、养殖技术。二是农村劳动力转移就业培训，针对 16～55 周岁有意愿外出务工的劳动者 1500 人，培训工种以旅游服务、餐厅服务、家政服务等为主，培训内容根据企业实际需求确定，培训结束后召集有用工需求的企业举办专项招聘会，力争实现培训一人、就业一人。三是针对有创业意愿的贫困人口、高校毕业生、农民工等群体开展创业培训 500 人次。四是新型职业农民培育工程，全年计划培训 200人，其中生产经营型培训 50 人，专业技能型培训 50 人，专业服务型培训 100 人。

2. 实施就业扶贫行动，多渠道促进贫困劳动力转移就业

（1）加大资金投入，助力就业扶贫。一是将 2016 年就业补助资金的增量部分 1.46 亿元全部用于农村劳动力转移就业和培训工作；同时要求各地调整就业补助资金支出结构，用于技能培训的比例不得低于 10%。二是由省级财政投入资金，建立农村劳动力转移就业动态实名制数据库，切实摸查贫困劳动力就业失业基础信息。通过比对人社部农村贫困劳动力信息系统和云南省精准扶贫大数据管理平台等相关数据，及时掌握农村贫困劳动力和农民工的就业情况，分类施策、提供就业服务。三是制定针对基层有组织转移就业的激励办法。如乡、村组织本地劳动力到县外就业的，每成功输出 1 人可按就业资金管理规定申请不低于 100 元的工作经费；县级一次性成功输出 30 人以上到省外、境外转移就业的，可按每批次给予 3000 元的工作经费补助，旨在提高基层有组织输出的积极性，促进成建制、上规模的劳务输出。

（2）着眼劳务输出，实现精准对接。针对贫困劳动力"不想出去""不敢出去"的思想，着眼"长三角""珠三角"等用工市场，通过上下协调、内外对接，推动省外劳务输出。一是搭建劳务对接平台。主动与省政府驻上海、深圳办事处对接，依托办事处资源，分别建立了省人社厅驻上海、深圳人力资源工作站，并从全省人社系统抽调精干力量开展劳务对接工作。人力资源工作站外联省外用工企业，内联省内各级人社部门和劳务中介机构，做实劳务输出的岗位提供、人员组织、输出对接、维权服务等工作。二是建立劳务对接机制。省人社厅制定下发了《关于建立劳务输出信息对接机制的通知》，依托各级就业部门、驻外人力资源服务站和用工企业，建立覆盖省内、省外的劳务对接服务网络。特别是以村委会为平台建立劳务输出村级联络员制度，搭建起用工企业、人力资源公司和村委会之间的联系桥梁，将用工信息和劳动力信息直接联通，并通过市场机制调动村级联络员与用工企业、人力资源公司对接的积极性，动员贫困劳动力外出务工。三是组织成建制劳务输出。据统计，2016 年全省有组织转移占到转移就业总量的 16%，比上年度增加了 8 个百分点，其中成建制输出近 2 万人。比如，昆明市向北京及周边省市、东南沿海地区转移输出 1918 人；曲靖市组织成建制转移输出 1602 人到"长三角"地区；红河州依托人力资源服务公司，向上海、福建、深圳等地成建制转移输出 27 批次，共计输出 3381 人。

（3）多措并举，促进就地就近转移就业。一是依托城镇化和"五网"建设等重点项目，把劳动密集型企业作为转移就业的重要支撑点，大力发展农民工就业容量大、农民工转移就业门槛相对较低的以家庭服务业为代表的第三产业，带动一大批农村劳动力实现城乡间转移就业。二是进一步完善就业创业政策措施，指导贫困县多渠道开发就业岗位，满足贫困人口就地就近就业需求，对在城镇工作生活 1 年以上的农村贫困劳动力，比照进城落户农民享受就业创业相关扶持政策。同时，积极开展"一县一品"劳务品牌创建和培育活动，打造民族工艺、民族刺绣、茶叶种植、玉器加工等具有地域特色的劳务品牌，提高转移就业的质量和效益。三是扶持农民工返乡创业，通过创业带动转移就业。在"贷免扶补"、创业担保贷款和"两个 10 万元"微型企业培育工程的基础上，联合金融机构将农村合作社的参与人纳入创业担保贷款政策扶持范围，拓宽农民工获取创业贷款扶持的渠道。深入实施"创业园区建设计划"，鼓励和支持各州、市利用闲置土地、厂房、楼宇开展"双创"平台建设，为农民工创业提供场地支持、创业指导等服务。开发上线运行"云南人社众创网"和农村电商就业创业服务平台建设工程，帮助创业者拓宽创业产品销售渠道。调查显示，创业带动就业效果比较明显。2015 年，临沧市"贷免扶补"扶持 2370 人，放贷 12921 万元，带动就业 5509 人；创业担保贷款扶持 1478 人，放贷 7599 万元，带动就业 2873 人；劳动密集型小企业贷款扶持 6 户，放贷 1200 万元，带动就业 165 人；"两个 10 万元"微型企业培育工程完成 200 户，放贷 99 万元，带动就业人数 1166 人。四是帮助贫困人口解决创业初期的贷款资金问题，为其创业提供全方位的帮扶。对贫困地区符合条件的个人创业担保贷款优先扶持，并按规定给予 3 年期财政全额贴息；支持贫困人口依托当地特色产业，通过成立种植、养殖等农业合作社，以"合作社＋贫困户"的模式开展创业脱贫。

3. 完善城乡社会保障体系，实施政策性兜底扶贫

在《中共云南省委　云南省人民政府关于举全省之力打赢扶贫开发攻坚战的意见》中，提出要实施社会保障和社会事业发展工程。对丧失劳动能力、无法通过产业扶持和就业实现脱贫的贫困人口实行应保尽保，通过社会保障实施政策性兜底扶贫；完善新型农村合作医疗政策，降低贫困人口就医费用，提高城乡居民基本医疗保险报销水平；加强医疗保险和医疗救助，开展大病保险，实现贫困人口大病救治全覆盖，通过医疗救助扶持一批贫困人口脱贫，使因病致贫问题得到有效缓解。

临沧市着力构建社会保障安全网，帮扶贫困人口参保缴费，发挥社会保障兜底脱贫作用。在养老保险方面，全市7县1区自2009年12月至2012年7月，分批启动了城乡居民基本养老保险工作，在2012年7月与全国同期实现制度全覆盖。针对参加城乡居民养老保险缴费困难的贫困人员，由县级财政为其代缴全部最低标准的养老保险费。截至2015年末，全市城乡居民基本养老保险应参保人数1314772人，实际参保人数1279168人，参保率达到97.29%。25.41万名60周岁及以上城乡老年人按月领取养老金，基本实现了老有所养。在医疗保险方面，新型农村合作医疗应参合人数200.85万人，实际参合199.20万人，参合率达到99.18%。其中，通过医疗救助帮助农村最低生活保障对象、五保户、残疾人等特殊困难群众和边境一线农村居民参加新农合共计44.12万人，救助金额达到3221.14万元。

香格里拉市为推进贫困人口参保工作，市委、市政府制定并出台了《关于对精准扶贫对象参加城乡居民养老保险扶持政策措施》，为全市精准扶贫对象提供了政策性兜底保障。对已确定参加城乡居民养老保险的精准扶贫对象自2016年起由市政府按每人每年200元档次代缴保费。对2010年1月至2016年间，年满60岁的人员因其贫困没有缴纳保费而无法享受城乡居保待遇的贫困人员，由市政府按每年100元代其补缴以前年度的养老保险费用，使其能享受养老待遇。在医疗保险方面，全市已经实现新型农村合作医疗保险的全面覆盖。2015年，新农合资金共减免门诊及住院医药费用4528.66万元。其中，门诊减免19.09万人次，减免金额557.05万元；住院补偿12383人次，补偿金额3844.13万元。由此可见，新农合制度一定程度上减轻了贫困群众的医疗费用负担，缓解了因病致贫、因病返贫等问题。一是提高补偿标准，门诊报销比例从2003年的30%提高到了2015年的 50%，住院报销比例从 35%～40% 提高到乡级 90%、县级 80%、州级 70%、省级 50%。住院补偿封顶线从 2000 元提高到了 15 万元。二是扩大农村重大疾病保险范围，将 22 种重大疾病纳入新农合补偿范围，在限价范围内费用按 70% 比例予以报销。三是简化医药费报销程序。参合患者到市域内所有医疗机构就诊，产生费用实行现场报销，切实减轻贫困患者垫资压力。到异地 24 家省级新农合定点医疗机构住院的参合患者，实现现场报销，进一步方便群众，减轻群众医疗费用以外的经济负担。四是从 2014 年起实施新农合大病补充保险，2015 年符合大病保险标准的有 576 人次，补偿金额 283.75 万元。

4. 推进贫困地区公共服务基础设施建设，努力提升基层服务水平

一方面，针对人力资源社会保障公共服务领域的关键部位和薄弱环节，倾斜支持边境、少数民族、贫困地区基层就业和社会保障公共服务设施项目建设。"十二五"期间，在连片特困地区的每个县和所有乡镇实施基层就业和社会保障公共服务平台工程项目，每个州、市实施人力资源市场项目和社会保障中心建设项目。2010 年以来，全省 104 个县、459 个乡（镇）争取到的国家和省级政府安排的基层公共服务平台建设项目，总投资达 87717 万元。其中，贫困县项目实施 79 个，占全省 93 个贫困县的 85%。同时，还在连片特困地区推进人力资源社会保障信息化系统建设（金保二期工程），并在所有村（社区）设立就业和社会保障工作站，配备专门协管员。这些工程项目的实施有效地改善了贫困地区基层服务设施"小、散、无、旧"的现状。

另一方面，云南省积极采取措施，努力提升贫困地区基层公共服务能力。针对贫困地区老少边穷、交通不便的现状，各地社保经办部门加强与金融机构的合作，大力推广金融社保卡作用，依托惠农支付点代收保费，实现人社金融服务网直通农村居民"家门口"，极大地方便了建档立卡贫困人口参保缴费工作，提高了群众的参保缴费效率。此外，全省还采取省、市、县、乡、村五级联动宣传方式，积极开展建档立卡贫困人员 100% 参加社会保险政策宣传月活动，利用乡镇、村社农贸集市人员集中场所和城乡居民赶集时间，面对面向群众讲明政策、算清楚账，有效提高了群众的政策知晓率和参保积极性。

（四）云南省人力资源社会保障扶贫工作面临的主要问题

1. 技能扶贫面临的主要问题

第一，技能扶贫任务比较艰巨，贫困市州普遍存在技能人才总量不足、结构不合理等问题。临沧市地处边疆，交通不便，劳动者素质整体偏低，全市持有职业资格证书的技能劳动者仅占全市城镇从业人员的 29%，低于全省 31% 的平均水平，其中高技能人才占比偏低，初、中级技能人才占比偏高。第二，贫困劳动力参加培训意愿不强。根据 2016 年摸底排查情况，全省 16 个州市 117 个县共有建档立卡贫困劳动力 272.39 万人，其中有培训愿望的仅占 33.2%。第三，培训资源整合存在一定难度。目前人社、教育、农业、扶贫、科技等部门都开展着农村实用技术培训和职业技能培训，对劳动力转移起到了积极的推动作用。但是各部门之间条块分割，缺乏统一、协调和衔接，难以形成合力，设施、设备和师资等培训资源还未全面形成共享互补。第四，技能培训的保障力度有待加强。根据调研情况，各贫困县的培训设施、设备、师资等培训条件不够充裕和完善，能够开设的培训专业领域也不够宽，不能满足职业培训的多样化需求，目前主要还是开展初级技能培训，开展中高级技能培训存在较大困难。

2. 就业扶贫面临的主要问题

第一，工业化、城镇化水平较低，不能适应容纳大规模转移就业人口的空间要求。首先，云南省总体工业化水平较低，区域发展不平衡，除昆明、曲靖、玉溪、红河以外的州（市）发展比较滞后，直接影响到全省城镇化进程，严重制约农村劳动力转移就业规模。其次，城镇产业发展支撑力不足，尤其是第二、三产业发展相对滞后，导致城镇对农村富余劳动力的吸纳能力不强。据统计，2014 年全省第一、二、三次产业的构成为 15.5∶41.2∶43.3，而就业人员构成为 53.7∶13.2∶33.1，就业结构转型明显滞后。第二产业就业比重不到全国平均水平的 1/2，第三产业就业比重比全国平均水平低 5 个百分点。第一产业就业人员比重过大，比全国平均水平高 20 个百分点，贫困劳动力转移就业任务十分艰巨。

第二，虽然贫困劳动力资源丰富，但是贫困劳动力的文化素质和技能水平偏低，不能适应市场就业需求。云南省是集"山区、民族、边疆、贫困"四位一体的不发达省份，大部分贫困劳动力文化程度不高，多数进城务工的农民只有初中或小学文化程度，还存在汉语水平低、语言交流困难的问题，在学习技术、工作交流、人际交往等方面皆存在一定障碍。另外，技能水平低也制约了贫困劳动力的转移就业。据统计，云南省农村转移就业劳动力中有 70% 的人没有受过专业技能培训，具有初级技能证书的农村转移就业劳动力不到 20%。农村劳动力转移就业培训主要是引导性培训（30 学时以上，以法律知识、城市生活指南、如何寻找工作为主要内容的培训），技能性培训（90 学时以上，以某种职业技能为主要内容的培训）相对薄弱，培训层次低、培训质量不高的问题比较突出。

第三，劳务输出组织化程度低，有组织、成建制输出规模有待扩大。据统计，2016 年全省 117 个县总计建档立卡贫困劳动力 272.39 万人，有就业愿望的贫困劳动力中仍有 54.9% 的人没有实现转移就业。有组织转移就业的有 25239 人，占输出人数的 4.5%，其中成建制输出仅有 3700 人，仅占输出人数的 0.66%。可见，云南省贫困劳动力转移就业多为自发和帮带输出，有组织或成建制输出的比例很低。究其原因：一方面，政府组织引导力度还不够，转移就业工作缺乏规范化的信息平台、就业指导和相关服务，农村劳动力缺乏获知就业信息的渠道，外出就业存在很大的盲目性和随意性；另一方面，大部分县、乡还未形成上下联动、内外协调的劳务输出网络，培育和发展劳务中介组织、劳务输出经纪人进度相对滞后。

第四，就业资金投入不足。在政府座谈会上，各地普遍反映就业资金总量不足的问题。目前，全省仅有4亿~5亿元中央财政就业补助资金，与其他地区存在较大差距。究其原因，由于省内很多县属于财政倒挂的现状，地方财政配套跟不上，导致中央近年来划拨给云南省就业资金规模有所减少。特别是贫困县的就业资金明显不足，虽然各地制定了一系列政策措施来推进就业扶贫工作，但是受限于经费不足，导致技能扶贫、创业扶持、公益性岗位工资补贴发放等工作不能正常开展，因此，亟须上级财政加大对贫困地区就业资金投入力度。

3. 社会保险政策实施中面临的困难和问题

第一，大部分贫困人口缴费困难，特殊困难群体参保缴费更难。根据调研时的政策，省级只对1~2级重度残疾人员按200元缴费档次进行补助，而对其他残疾人、低保户等特殊困难群体，省、市、县各级政府没有特殊政策倾斜，导致这类群体参保缴费困难的局面难以改善。

第二，由于城乡居民基本医疗保险具有当期缴费、当期就能享受医保待遇的特点，贫困人口的参保积极性较高，而城乡居民基本养老保险因为参保缴费后不能当期享受待遇，再加上部分人员存在因自身经济困难而缴费能力不足、养老金待遇水平偏低（2017年每月基础养老金85元）等因素，导致贫困人口主动参保缴费意愿不强。

第三，根据全省第六次人口普查结果显示，全省人均预期寿命仅为 68 岁，贫困地区由于生存环境恶劣等因素，人口预期寿命更是低于全省平均水平，这也导致贫困地区人口不愿意多缴保费。

第四，基层协办员的经费保障缺乏长效机制，导致协办员队伍不稳定，直接影响了基层经办服务能力。城乡居保工作涉及面广，服务对象主要集中在行政村和社区，相关业务依靠村（社区）协办员完成，但是现有政策对村（社区）协办员的经费保障来源及标准并未做出具体规定。目前，大部分村（社区）协办员的经费来源主要依靠县（区）自筹，补贴 500～1500 元不等，在缴纳社会保险后，已所剩无几，收入少造成村（社区）协办人员队伍不稳定的局面。

第五，基层金融服务网点少、人员缺。部分边远乡镇没有设置金融服务网点，也缺乏工作人员，这些地区的农村居民只能到邻近乡镇办理，这给他们参保缴费和领取待遇带来极大不便，而且往返成本高，加之办理业务手续复杂，排队等候时间长，这些因素都影响了农村居民的参保缴费的积极性。

第六，基层医疗卫生服务能力亟待提升。一些定点医疗机构特别是乡镇卫生院、村卫生室医护人员匮乏、基本医疗设备短缺，导致部分参合农民就诊舍近求远。根据 2015 年临沧市新农合资金运行情况，60% 以上门诊病人及新农合补偿资金、90% 以上住院病人及新农合补偿资金都流向了县级及以上医疗机构，这既增加了参合患者的医药费用负担，同时也加大了新农合基金压力。

4. 基层公共服务平台建设面临的主要问题

第一，贫困县、乡、村各级服务场所建设与实践需求不相适应。县级的服务场所主要是对原劳动保障服务场所、办公楼进行整合，虽然其功能基本能满足目前的服务需求，但是随着人事人才、社会保险等业务范围的拓广、服务人群的增加，各县（区）都逐渐出现办公场所、服务场所紧缺的状况。据初步测算，平均每个县级服务场所的面积只有 1800 平方米左右，而平均每个县的服务对象人数近 30 万人。部分乡镇的服务场所与乡镇政务服务中心共用办公地点，且由于各乡镇之间在地理条件、办公经费、场地方面存在差异，导致各乡镇服务平台建设进展不平衡。

第二，人员队伍建设状况与标准化服务要求不相适应。人力资源社会保障工作政策法规多，政策性、业务性强，基层人力资源社会保障机构要承担的工作职能和事务较为繁多。因受困于地方经济欠发达，县、乡两级人社系统在人员编制等方面比较紧缺，实际到岗工作人员更少，乡镇、村级一人多责、一人多岗的现象比较突出，很难保证公共服务质量。

第三，信息化应用程度与服务向下延伸要求不相匹配。县级人力资源社会保障业务办理基本实现信息化管理，但是乡镇、村级的业务办理信息化应用程度较低，基层业务经办人员信息化应用能力不能满足信息化发展要求，专线网络改造有待实施，网络租用费长期由县、乡自筹解决，一定程度上影响了人力资源社会保障公共服务的效率和质量。

（五）推进云南省人力资源社会保障扶贫工作的政策建议

1. 加强贫困劳动力转移就业素质技能培训

第一，打破当前部门分割局面，建立健全由各级人社部门牵头，人社、农业、扶贫、教育、科技等部门密切配合的农村劳动力转移就业培训管理体制。整合各部门培训资金，按照"渠道不变，统筹规划，整合使用，各计其效"的原则，将人社部门的就业和再就业培训资金、农业部门的农村劳动力转移培训专项资金、扶贫部门的贫困地区农村劳动力转移培训资金及教育部门、工会、妇联和团委部门的城乡劳动力培训就业资金等各类培训资金整合，进行统筹安排，提高农村贫困劳动力转移就业培训效益。

第二，整合职业教育等培训资源，发掘现有教育培训机构及培训场所、设备、师资等潜力，规范和鼓励各类职业院校和培训机构积极开展转移就业教育和培训。鼓励各类培训机构与劳务市场和用工单位签订合同，以需定培，广泛开展订单、定向、定岗培训。建立健全培训机构平等竞争、农村劳动力自主参加培训、政府购买服务的机制，积极探索职业培训与转移就业的衔接机制，实现技能培训、职业介绍、跟踪服务融为一体，实施"培训＋就业"对接工作，提高贫困劳动力技能培训的就业成功率。

第三，落实全省人才扶贫和技能扶贫专项行动要求，扎实抓好专技人才、产业人才、技能人才和农村实用人才的培养工作，建立健全人力资源基础台账，动态掌握当地群众的技能培训需求，从单一的农业技术培训向二、三产业培训延伸，特别是与当地产业发展相结合，加大电商培训力度，实现"培训一人、就业一人、脱贫一户"的目标要求。

2. 完善公共就业服务，探索多种转移就业模式

以组织实施"兴边富民工程"农村劳动力转移就业、沪滇对口帮扶劳务培训安置和《泛珠三角九省区劳务合作协议》等项目为依托，发挥乡镇劳动保障服务平台、村级协管员以及各地驻外劳务服务机构的作用，采取点对点的劳务对接方式，组织供需见面会、洽谈会、专场招聘会、网络招聘等形式多样的就业服务活动，鼓励采取长期、季节、短期结合，固定岗位和临时岗位互补等多种形式，在县与县、城市和小城镇以及城乡之间有序就业，为农村贫困劳动力搭建上下贯通、左右相联的转移就业服务平台。

探索运用多种转移就业模式，拓宽贫困劳动力就业途径。比如，政府引导模式：政府加强对农村劳动力工作的领导，整合各方资源，通过多种形式，促进农村劳动力转移就业。市场配置模式：依靠劳动力市场信息机制的传导功能和市场对劳动力资源配置的基础性作用，为劳动力供需双方提供交流平台。企业订单模式：企业充分发挥自主用工权，根据企业发展需要，以合同方式形成劳动力数量和质量的需求订单。劳务派遣模式：把劳务输出作为一个大项目、大品牌来抓，由政府主导，多方投资建立劳务派遣龙头企业，根据市场需求，提供培训、外派、跟踪服务，扩大异地劳务输出，做到省内规范派遣、省外有序流动、境外劳务输出、跨国依法就业。能人带动模式：农村能人依靠其地缘关系，直接吸纳或带出农村劳动力外出务工。项目拉动模式：发挥各类项目拉动劳动力需求的作用，形成项目区内对农村劳动力的大量使用。中介推动模式：中介组织发挥其在供需双方之间的桥梁作用，为双方提供便捷服务。

3. 实施贫困地区基本社会保险兜底性保障

加快推进"全民参保计划"，基本实现贫困地区"户户有社保"。到 2020 年，实现贫困地区城乡居民基本养老保险和城乡居民基本医疗保险全面覆盖。努力提高城乡居民养老保险和城乡居民医疗保险待遇，确保贫困地区城乡居民"老有所养"，切实解决因病致贫、因病返贫的现象。针对城乡居民养老保险实施中的问题，提出以下建议供参考：第一，相关部门对如何扶持重度残疾人以外的其他特殊困难群体参保缴费的问题进行研究，制定并出台相关规定，以解决他们面临的缴费困难。第二，尽快建立基层协办员经费保障的长效机制，明确协办员的经费保障来源及标准，从而稳定基层协办员队伍，提升村（社区）基层经办能力。第三，承接养老保险业务的金融机构应加大基层金融服务网点投入力度，全面建立健全基层金融服务网点，让广大城乡居民能够享受方便快捷的金融服务。

4. 加强贫困县人力资源社会保障基础设施和信息化建设

全面推进贫困县、乡就业和社会保障公共服务设施建设，构建优质、高效、便捷的基层人力资源社会保障服务体系。首先，针对贫困县反映县级财政配套跟不上的问题，建议取消或减少要求贫困县地方财政配套比例。其次，扶持尚未开展基层就业和社会保障公共服务设施建设的 22 个贫困县加快开展项目建设，尽快在全省范围内实现基层就业和社会保障服务设施贫困县县级全面覆盖，同时鼓励具备条件的县（市、区）推进乡镇就业和社会保障服务设施建设。最后，全面推进贫困县人力资源社会保障信息化建设，基本实现业务网上经办，主动延伸服务触角，着力打通人社工作服务群众"最后一公里"，实现政策咨询、求职就业、办理社保、维护劳动权益、享受金融服务"五个不出村"，实现贫困群众公平、均等地享受人力资源社会保障公共服务。

二　甘肃省人力资源社会保障精准扶贫情况研究

笔者在 2016 年前往甘肃省定西市和天水市展开实地调研，重点了解连片特困地区的贫困现状、实际困难及脱贫需求；各地推进人社扶贫采取的政策措施，实施成效以及存在的问题；推进人社扶贫的工作思路及建议等。其间，笔者参加了甘肃省、定西市和天水市三次政府部门座谈会（由省、市、县各级人社、扶贫、发改等部门参加）；并与当地多家企业的主管进行集体座谈，了解扶贫龙头企业和经营困难企业的实际困难及诉求；同时，还实地走访了陇西县、武山县等地的贫困村，走访部分贫困户家庭，与贫困户代表进行深度访谈，并向其发放调查问卷。根据调研获得的相关数据和信息，下面对甘肃省实施人力资源社会保障精准扶贫的情况分析如下。

（一）甘肃省调研地区的贫困现状

甘肃属于西部干旱贫困省份，全省山地、丘陵面积占到 78.2%，贫困面积较大，贫困地区主要集中在中部和南部。截至调研时，全省贫困县共有 75 个，占到 75%，其中国家级贫困县达到 43 个；贫困人口 417 万，占到 16%。调研期间，笔者实地走访了定西市陇西县、天水市武山县，这两个县都属于国家划定的连片特困地区范围。尽管近年来当地政府采取多项措施推进精准扶贫，但是贫困面广、贫困程度深的问题仍然比较突出，下面对这两个国家级贫困县的贫困现状进行重点介绍。

1. 定西市陇西县情况

定西市陇西县位于甘肃省东南部，总面积 2408 平方公里，总人口 51.93 万人，下辖 9 镇 8 乡，215 个行政村，11 个社区，1287 个村民小组。如表 4-1 所示，2015 年全县完成国内生产总值约 57.44 亿元，人均生产总值 1.25 万元；公共财政预算收入约 4.96 亿元，财政预算支出约 28.59 亿元，财政收不抵支情况比较严重；城乡居民人均可支配收入分别达到 18840 元和 6388 元。全县建档立卡贫困人口 5.97 万人，贫困村 45 个，贫困发生率 13.8%。其中，108 个贫困村人口虽然只占全县人口的 40.67%，但是贫困人口占到 52.27%，而占全县人口 59.33% 的非贫困村，贫困人口占到 47.73%。究其原因，主要是贫困村大多人居环境差，居住相对分散，基础条件比较落后，主导产业培育不力，区域内农户增收途径少，发展后劲不足，致富能力较弱，形成贫困人口相对聚集且长期难以脱贫的局面。

表 4-1　甘肃省陇西县基本情况

项　目	2013 年	2014 年	2015 年
地区生产总值（万元）	529049	576041	574385
其中：第一产业值	133933	132794	139970
第二产业值	168710	142751	104576
第三产业值	226406	300496	329839

续表

项　目	2013 年	2014 年	2015 年
人均地区生产总值（万元）	1.16	1.26	1.25
贫困人口数（万人）	14.54	10.12	5.97
贫困发生率（%）	33.44	23.08	13.8
贫困村数（个）	108	108	45
公共财政预算收入（万元）	32737	44234	49648
公共财政预算支出（万元）	219704	249335	285889
其中：扶贫专项资金（万元）	11390	17422	9815
社保和就业支出总量（万元）	35451	46484	47352
人均社保和就业支出（元）	690	897	910
城镇居民人均可支配收入（元）	15622.6	17075.5	18840
农村居民人均可支配收入（元）	4430.5	4988.7	6388

资料来源：由陇西县政府部门提供，笔者进行整理。

笔者对陇西县建档立卡贫困户的学历结构、致贫因素和脱贫需求等情况进行了调查，结果显示：从学历结构看，建档立卡贫困户的家庭成员普遍文化程度偏低，小学及以下文化程度占52.28%，初中文化程度占29.51%，高中以上文化程度不到20%，文化程度低导致劳动力素质低下，致富能力较弱。从致贫因素看，因学致贫、因病致贫占比较大，分别占到26.87%和24.07%；其次是缺劳力（占13.21%）、缺技术（占13.17%）、因残（占9.37%）和缺资金（占8.2%），还有一些贫困户因灾、缺土地等因素致贫。

根据贫困户脱贫需求的统计情况，占比最大的是对政策补贴的需求，占到贫困户总数的33.18%，其中对农村低保补助的需求占到低保贫困户和低保户总数的30.74%，说明近三分之一的低保户，特别是一、二类低保对象对低保补助金的依赖性较强。其次是金融支持（占22.08%）、物资帮助（占21.27%）和能力提升（占15.25%）等方面的需求。这类农户都具有脱贫致富的基础，只要通过金融支持、物资帮助和技术培训，即可通过自身努力实现脱贫。此外，还有一些贫困户提出对基础条件改善（占 4.98%）和其他方面的需求。

2. 天水市武山县情况

天水市武山县位于甘肃省东南部，全县总面积 2011 平方公里，总人口 48.27 万人，下辖 12 镇 3 乡、344 个村委会和 10 个居民委员会。"十二五"以来，通过深入实施扶贫攻坚行动，全县扶贫开发工作取得了比较明显的成效。全县农村贫困人口由 2011 年的 17.85 万人减少到 2015 年的 5.91 万人，累计减贫 11.94 万人，贫困发生率从 42.55% 下降到 13.9%，农民人均可支配收入从 2798 元增长到 6223元。尽管如此，武山县贫困面广、贫困程度深的问题仍然存在，城乡收入差距较大，2015 年全县农民人均可支配收入 6223 元，仅占城镇居民可支配收入的 31.52%。特别是贫困人口集中分布在干旱山区、高寒阴湿山区和林缘区，这些区域生态环境脆弱，自然灾害频发；基础设施建设滞后，社会事业发展缓慢；综合生产能力不高，产业化发展水平低；贫困人口文化程度不高，思想观念保守，缺乏致富技能，自主脱贫能力不强。根据调研情况，武山县贫困特征主要表现为以下几个方面。

（1）富民产业发展不足。近年来，全县蔬菜、果品、畜牧等产业虽然得到较快发展，但是规模化发展、集约化经营、品牌化营销程度不高，农产品加工转化能力较弱，农业产业化龙头企业辐射带动能力不强，农业产业链条短，农业"靠天吃饭"的格局没有从根本上得到转变，主导产业转型升级的任务艰巨，尤其是贫困村的产业发展更加缓慢。另一方面，全县劳务输出主要集中在建筑、餐饮等苦力型、服务型行业，务工人员大多是初中文化程度，务工技能比较单一，多从事体力劳动或简单技能工作，劳动报酬较低，制约了务工收入增长。截至 2016 年 6 月，全县输转务工人员 9.21 万人，工资收入 2000 元以下的务工人员占到一半，中高收入的务工人员占比偏低。无论务农，还是务工，富民产业对贫困群众增收的贡献不够，农民增收长效机制尚未健全。

（2）农村基础设施建设滞后。如表4-2所示，2013～2015年间，每年县级财政收支严重不平衡，政府可支配财力有限，对农村建设的投入不足。虽然行政村通水泥路实现了全覆盖，但是自然村通路大多没有硬化，群众出行仍然不便。虽然安全饮水实现了全覆盖，但是通水保障水平不高，部分山区群众用水十分困难。农村仍然存在大量危房，幼儿园、标准化卫生室尚未实现全覆盖，尤其是农村幼儿教师、卫生室医生缺口较大。部分贫困村还未通宽带网络，农村信息化水平较低。调研截止时，仍有119个贫困村没有实施扶贫整村推进项目。

表4-2 甘肃省武山县基本情况

项目	2013年	2014年	2015年
地区生产总值（万元）	431835	483781	512145
其中：第一产业值	162431	177288	196912
第二产业值	97327	104257	92995
第三产业值	172077	202236	222238
人均地区生产总值（万元）	0.9946	1.1114	1.174
贫困人口数（万人）	12.2	9.07	5.91
贫困发生率（%）	28.67	21.33	13.9
贫困村数（个）	156	156	111
公共财政预算收入（万元）	11683	14632	17643
公共财政预算支出（万元）	170388	193749	213881
其中：扶贫专项资金（万元）	—	—	22934
社保和就业支出总数（万元）	32387	37014	39469
人均社保和就业支出（元）	744	850	904
城镇居民人均可支配收入（元）	15329	16801	19742
农村居民人均可支配收入（元）	4381	4981	6223

资料来源：由武山县政府部门提供，笔者进行整理。

（3）城镇化进程比较缓慢。县城正处在加快发展的新阶段，以城带乡的综合实力不强；建制镇大部分为商贸集镇，产业结构单一且链条短，第二、三产业发展不足，综合承载能力不强，以城带乡、以城带贫、以工带农能力还比较弱。2015 年全县城镇化率仅为 23.76%，距离全省乃至全国的平均水平还有较大差距。

（二） 甘肃省人力资源社会保障扶贫工作情况

甘肃省委、省政府根据省情域况，树立了"六个精准"（即对象精准、目标精准、内容精准、方式精准、考评精准和保障精准）的甘肃理念，创建了"五个融合"（即力量融合、资金融合、培训融合、平台融合和节点融合）的甘肃模式，制订了"1 + 17"精准扶贫工作方案（即《关于扎实推进精准扶贫工作的意见》和 17 个专项精准扶贫工作方案）。全省各级人社部门立足贫困劳动力培训、劳务输转脱贫、社会保险扶贫等方面，综合实施人社扶贫政策措施，取得了比较明显的成效。2015 年，全省完成精准扶贫劳动力培训 47.3 万人，其中建档立卡户 31.59 万人；全省城乡居民参保 1241.27 万人，平均参保率达到 96.9%，养老金发放率达到 100%。

1. 贫困劳动力培训情况

甘肃省政府高度重视贫困劳动力培训，制定了《劳动力培训支持计划的实施方案》，这是"1 + 17"精准扶贫工作方案的重要组成部分。要求 2015 ~ 2020 年，针对全省 417 万贫困人口，围绕用工市场需求和劳动者意愿实施精准培训，累计培训建档立卡贫困家庭中有培训需求的劳动力 211.2 万人次，新增技能劳动者 120 万人，实现贫困家庭中有培训需求的劳动力职业技能培训全覆盖，使每个贫困家庭有培训需求的劳动力至少有一人拿到职业资格证书。具体分两个步骤完成：第一步，2015 ~ 2017 年以革命老区、民族地区及"百片千村"

贫困人口中有培训需求的劳动力为重点实施精准培训，三年累计培训109.2万人次，实现精准培训全覆盖。第二步，2018～2020年以新成长劳动力和贫困人口中有技能提升需求的青壮年劳动力为重点实施技能提升行动，三年累计培训102万人次，实现技能提升培训全覆盖。

定西市紧牵贫困劳动力培训这个"牛鼻子"，大力整合培训资源、集聚培训资金，实现了"六个精准"。一是培训资源精准整合。按照"渠道不变、用途不改、统筹安排、综合利用"的原则，由政府统筹资源、统筹政策、统筹资金、统筹培训，对培训资源存量从培训机构、设施、师资、对象、计划、内容、资金等方面进行整合，最大限度地发挥了人力、物力、财力优势。二是培训平台精准搭建。依托现有培训资源，按照培训对象各有侧重、培训资源互相补充、培训内容各具特色的原则，由人社、扶贫等16个部门（单位）牵头配合作为精准扶贫责任单位，进行培训平台实体化整合或功能性整合，在全市各县区搭建起一个以精准扶贫培训为目标的综合性培训平台，进行统筹实施，规范管理。三是培训对象精准优先。对农村"两后生"、农村新成长劳动力等农村贫困劳动力免费开展六类精准扶贫培训，达到培训对象区别对待，实现培训对象精准画像。四是培训需求精准对路。坚持以市场需求为导向，重点突出特色培训，开展就业技能培训、技术工种培训、实用型技能培训、创业培训等，切实提高了职业培训的针对性和实用性。五是培训方式精准配方。坚持创新培训方式，灵活多样办班，对照培训项目，通过县、乡两级联动，采取集中培训与现场指导、理论教学与生产实践相结合，以及工学交替、分段学习、模块培训等培训方式，将课堂讲授、实践操作与参观学习三者有机结合，搭建"理论课堂""示范课堂""网络课堂"，确保培训工作落地见效。六是培训宣传精准发力。积极开展形式多样的宣传报道，大力宣传精准扶贫劳动力培训典型做法和先进经验。2015年，全市培训贫困劳动力近 20 万人，其中就业技能培训 13 万多人，创业培训 4700 多人，7 万多名贫困劳动力通过参加精准培训实现就业创业。

2. 劳务输转脱贫情况

甘肃省大力组织实施劳务输转，为贫困地区农民增收脱贫发挥了重要作用。2015 年，全省输转城乡富余劳动力 528.6 万人，其中农村富余劳动力 478.6 万人；全省创造劳务收入 892 亿元，其中农村劳务收入 807.6 亿元；农民人均劳务收入 5468 元，占农民人均可支配收入 6936 元的 78.8%。① 主要经验做法如下。

（1）着力开展劳务品牌培训。2010 年以来，省劳务办以家政服务、牛肉拉面师、保安员、餐饮酒店服务、计算机应用与维修、机械设备维修、建筑与装饰、电子技术应用等 8 个特色品牌为重点，组织实施劳务品牌培训项目。2016 年，全省下达了 6 万人的品牌培训任务，工种由 8 个扩大为 15 个，在确定必要的原则要求后，将培训任务的分配权、培训工种的具体选择权、培训机构的确定权、培训时间安排权全部下放给了市州，充分调动市、县劳务机构和培训机构的工作积极性，使培训与当地经济发展、输转就业和返乡创业紧密结合。另外，各驻外管理处（站）积极牵线搭桥，引导发达地区企业与省内技工院校开展校企合作，定点培训、定向输转，保证了输转质量和劳务收入。

（2）着力拓展劳务基地。截至 2015 年末，全省劳务机构、各类中介组织已在省内外建立劳务基地 5909 个，其中省外 3492 个、省内 2417 个。关于省外劳务合作，全省已与 16 个省市区签订了劳务合作协议。针对东南沿海地区用工需求放缓的形势，甘肃省加大了开辟中

---

① 资料来源：《2015 年甘肃省国民经济和社会发展统计公报》。

部省份劳务基地的工作力度，在广西壮族自治区成立了劳务管理机构，并与湖北省签订了劳务协作框架协议。2015年邀请湖北省30多家企业在陇南、天水、定西三市举行招聘会，提供了1.2万个就业岗位。关于省内劳务输转，随着经济发展和重大工程项目的实施，就近就地输转比例不断提高，留在省内务工的人数稳定在输转总人数的60%左右。另外，一些市县的劳务机构还面向当地大中型工程项目、企业和工业园区开展用工专项服务。

（3）着力加强信息化建设。2015年5月，甘肃省人力资源社会保障厅在陇南县召开全省劳务信息系统建设暨劳务输转实名制推进现场会，全面推进全省劳务信息系统建设和实名制工作，要求每个市州建成劳务信息数据库，为每一个农村劳动力建立电子档案，实现劳务输转实名制管理。2016年，全省完成就业平台劳务输转子系统的数据录入，实现精准输转、精准统计。

（4）着力提升服务能力。一是加强基层劳务工作机构建设。全省已有1232个乡镇建立了劳务工作站，占乡镇总数的98.7%，有15166个行政村确定了劳务信息联络员，占行政村总数的91.6%，初步形成了省、市、县、乡、村五级联动的劳务工作体系。二是加强省外管理服务平台建设。省劳务办在甘肃籍务工人员集中的15个省、区、市设立了驻外劳务管理机构，并与当地政府部门、中介组织、企业单位加强合作沟通，维护务工人员合法权益。三是加大基层工作人员业务培训。省劳务办先后举办了六期基层劳务工作机构工作人员培训班，对全省13个市州的1100名工作人员开展了轮训，有效提升了基层工作人员的业务能力。

根据定西、天水两市调研情况显示，实施劳务输转能够有效地帮扶贫困农民增收脱贫、促进地方经济发展。定西市大力推广劳动力培训输转的"元古堆"模式，探索走出一条具有定西特色的"精准培训—全面覆盖—品牌输转—返乡创业"的劳务产业发展新路。目前，全市组织输出率达到60%左右，劳务收入占到农民人均纯收入的60%以上，常年在外的务工人数保持在30万人以上。全市累计有12.5万多户贫困户通过劳务输出实现了脱贫，8239名农民工回乡创办经济实体，兴办各类经济实体10658余户，带动6万多名城乡劳动力就地就近转移就业。天水市政府重视发展劳务经济，把劳务输转确定为发展农村经济的四大支柱产业之一，并提出培训、输转、维权、服务"四位一体"的工作思路，促进劳务输转由体力型向技能型、短期分散型向长期组织型转变。"十二五"期间，全市累计输转农村劳动力338万人次，创造劳务收入427亿元。

3. 社会保险扶贫情况

针对贫困人口看病难、看病贵的问题，甘肃省政府出台了精准扶贫优惠政策，制定了《精准卫生扶贫支持计划的实施方案》。主要内容有：一是完成新农合省级平台与精准扶贫大数据平台对接，实现贫困人口基础信息数据库互联互通。二是从2015年起，贫困人口新农合住院费用报销比例提高5个百分点，覆盖符合优惠条件的全部住院患者，包括普通住院、分级诊疗和重大疾病等各种住院补偿类型。三是从2016年起，贫困人口大病保险起付线由5000元降至3000元，使贫困人口大病保险报销比例提高3个百分点。四是各级新农合管理经办机构、定点医疗机构将精准扶贫优惠政策纳入即时结报范围，依托新农合"一卡通"向贫困参合患者提供即时结报和"先看病后付费"服务。五是由省卫计委、医改办、民政厅联合出台《关于进一步做好重大疾病相关保障政策衔接工作的通知》，要求新农合、大病保险和医疗救助等经办机构加强密切联系，做好各项保障政策的沟通衔接，严格落实保障政策的叠加顺序。一方面，充分发挥各项保障政策叠加效应、提高贫困人口的受益水平；另一方面，确保各项保障措施叠加后的总补偿金额不超过患者住院总费用。

天水市将城乡居民基本养老保险和精准扶贫工作有机结合，着力构建社会保障兜底安全网，强化政策宣传，深挖参保潜力，确保贫困人口应保尽保，基本实现贫困人口城乡居保的全覆盖。截至调研时，全市2490个行政村中有964个贫困村，应参保66.41万人，实际参保63.66万人，参保率达到95.86%。武山县积极采取各项措施，大力推进贫困人口参加城乡居民养老保险。县人社局专门成立工作组，要求各乡镇以当年预脱贫的53个贫困村为重点，以建档立卡贫困户人口数据为基础，指导各村建立贫困户缴费花名册，将贫困户参保列为工作重点，逐户逐人摸清参保情况，开展全民参保登记工作。为进一步掌握贫困户参保情况，县人社局专门建立贫困人口参保情况月报制度，要求各乡镇以月报形式报送工作进度，形成县、乡、村三级有统计数据，有人员花名册，随时掌握贫困人员参保动态。此外，县人社局还组织了由各乡镇精准扶贫工作站长和经办人员参加的培训会议，要求各乡镇加大城乡居民社会养老保险政策宣传，通过干部包户、责任到人等方式，动员未参保的人员积极参保，确保贫困户一个不漏，全部纳入参保范围。

在贫困人口看病就医方面，武山县搭建起由新型农村合作医疗、大病保险和医疗救助等多层次叠加的保障体系。一是新农合对农村建档立卡贫困户的住院报销比例提高5%。2015年为农村建档立卡贫困户5316人次报销金额达287.34万元；2016年1～5月，为农村建档立卡贫困户3079人次报销金额达56万元。二是新农合扩大对大病和门诊特殊病种的报销补偿范围。将50种重大疾病按照总费用的70%进行补偿，对4类40种新农合门诊特殊病按总费用的70%进行定额补偿，切实减少了大病患者的就医费用。三是全面推行支付方式改革，探索"先治病、后付费"的就医模式。县财政每年向县医院和县中医医院预付新农合资金 300 万元作为群众看病时的垫付资金，实行滚动报销，有效减轻了贫困患者筹措住院押金的负担。从 2015 年起，县财政继续扩大对县医院和县中医医院预付新农合资金力度，将每年预付资金提高到 500 万元。四是针对部分贫困户缴不起参合费用的情况，武山县对城乡低保、农村五保对象为主的困难群众给予医疗救助，建立健全四类人员（城乡低保、特困供养、计生"两户"、90 岁以上高龄老人）资助参合机制。对特困供养人员、农村低保一类对象每人资助 120 元，对农村低保二类对象每人资助 40 元，对计生"两户"和 90 岁以上高龄老人每人资助 20 元。2015 年，共对农村四类人员资助参合 61947 人次，资助金额达到 244.748 万元。五是从 2015 年起，全县启动实施居民大病保险政策，基本医疗保险、居民大病保险、民政救助及民政大病救助等实现有效对接，信息资源共享。

（三）甘肃省人力资源社会保障扶贫工作面临的主要问题

1. 贫困劳动力培训面临的主要问题

第一，劳动力分散导致培训组织工作困难。青壮年劳动力大量外流，导致村庄"空心化"、农村老龄化趋势加重。如果遇到农忙季节，在家劳动力活多事杂，一些群众认为参加集中培训影响农活和家务劳动，因此积极性不高。还有一些群众认为不给培训补助，就不愿意参加培训，这些因素都在一定程度上影响了培训工作的顺利开展。第二，培训师资、教学资源不足，整合力度发挥不够。虽然精准扶贫劳动力培训平台建设初见成效，但是由于各培训机构分属不同的部门，培训机构的统一管理有待进一步提高，人员调度等方面还需进一步完善。第三，技能培训存在供求脱节问题。目前培训专业主要是以种植、养殖等农业生产技术为主，而建筑、家政、电子装配、计算机操作等专业开展培训有限，一些用工市场急需的专业没有能力开展培训，培训内容与劳动者需求、用工市场需求之间的对接不够，影响了培训成果的转化。

2. 就业扶贫面临的主要问题

第一，创业扶持政策体系有待完善，农民工返乡创业依然存在着创业载体建设不足的现象。返乡创业孵化基地和创业园区是政府为创业者搭建的创业平台，为创业人员提供低成本的创业条件、相应的政策扶持和全方位的公益性服务，可以有效化解创业风险，降低创业难度，提高创业的成功率。目前，甘肃省内大部分市、县尚未建成创业孵化基地和创业园区，创业载体建设相对滞后。第二，沿海地区劳动用工企业处于转型升级时期，而贫困劳动力的文化素质和技能水平达不到企业规定的文化水平、专业技术、熟练程度等要求。贫困劳动力务工增收主要是以苦力型劳动为主，技能型劳动较少。据统计，陇西县外出劳动力主要集中在制造业、建筑业和服务业等劳动密集型行业。其中，从事建筑业的约占45%，制造业约占15%，服务业约占20%，其他行业约占20%。第三，由于全国经济下行压力加大，市场用人需求的增长态势减弱，企业招用普通劳动力意愿持续下降，导致贫困劳动力就业困难以及部分外出劳动力返乡回流的现象。陇西县从2013年起外出务工人数逐年下降，2013年外出务工14.05万人，2014年外出务工13.97万人，2015年外出务工13.06万人。

3. 社会保险政策实施中面临的主要问题

第一，城乡居民养老保险政策的政府补贴标准偏低，政策吸引力不强，而且缴费补贴与缴费档次之间关联度不高，一定程度上影响了群众参保缴费的积极性，导致一些县区参保人数下降，绝大多数人选择最低缴费档次。第二，从全省贫困人口的情况来看，一半以上的人群是到龄领取养老金人员，每月人均领取养老金在98元左右，较低的养老金收入无法满足体弱多病、无劳动能力的这部分人群基本生活需要。第三，数据更新不及时。在调研中，地方人社部门提出尽管扶贫、民政等部门积极配合，但是每次将参保数据和贫困人口数据比对后又会出现贫困人口更换的现象，导致人社部门需要重新将数据进行比对整理，既增加了工作量，又降低了工作效率。因此，亟须建立起人社、财政、民政、卫生计生、扶贫等部门信息共享机制，定期开展建档立卡贫困人口与城乡居民参保数据信息比对工作，统一做好人员标识，动态掌握建档立卡贫困人员参保和待遇发放情况，为实施社会保险精准扶贫提供数据支撑。

4. 基层公共服务平台建设面临的主要问题

第一，贫困地区的金保专网在县、乡、村之间尚未实现联网，亟须上级部门加大对这些地区的资金投入力度，确保金保专网向村一级延伸，推动金保专网尽快实现省、市、县、乡、村五级全面覆盖。第二，硬件建设尚不到位，办公场所简陋，办公设备陈旧。贫困地区的基层劳动保障所（站）普遍存在办公条件差的问题，绝大多数基层劳动保障所（站）没有相对独立的办公场所，长期依附于乡镇办事处和村民委员会。第三，人员队伍的稳定性和专业化程度不高。基层劳动保障所（站）的工作人员往往是身兼数职，专职人员严重缺乏，而且这些人员的流动性大，岗位调换频繁，职业化水平低，导致基层劳动保障事务经办效率低下。第四，办公经费投入不足。乡镇、社区工作机构成立以来，虽然上级财政加大了对公共服务平台建设经费的投入力度，在一定程度上缓解了基层机构运转的难题，但是基层平台日常办公经费没有列入同级财政预算。第五，农村公共卫生事业发展滞后。多数乡镇卫生院的场所环境较差，医疗设备匮乏，医护人员紧缺，部分卫生院具备执业资格的人员较少，尤其在边远乡镇的卫生院这种情况更为严重。由于基层医疗卫生资源有限，农民不得不舍近求远，转诊到上级医疗机构就医，导致农民医药费用负担增加，也给新农合基金支出带来很大压力。

5. 人才引智工作面临的主要问题

受到贫困县自然条件和经济社会发展等多方面因素的制约，导致吸引和留住人才的能力不强，引进高层次人才难度较大，工业经济、城市建设和产业发展等方面的人才比较缺乏。另外，作为人力资源集中的地区，如何把现有人力资源开发好、利用好，也是摆在当地政府面前的一个艰巨任务。

（四）推进甘肃省人力资源社会保障扶贫工作的政策建议

1. 建议上级政府加大对贫困地区的扶持力度

第一，加大对省内贫困市州的就业资金投入。例如，定西市现有301万人口，其中农村劳动力166.29万人，农村贫困劳动力38万多人，可以说是一个人力资源大市。但是，当前全市就业形势比较严峻，高校毕业生未就业人员、下岗失业人员和需输转的农村富余劳动力数量较多，吸纳就业任务十分艰巨，当地政府急需大量就业资金投入，才能推动各项就业促进措施顺利开展。目前，全市大多数就业资金用于公益性岗位补贴，高校毕业生就业见习和职业技能培训等经费严重短缺，特别是劳务培训方面缺乏专项资金。因此，建议上级政府进一步加大对贫困市州就业资金投入力度，并设立专门用于劳务培训的专项资金。第二，多数贫困市州把农民工创业园、就业创业孵化基地建设作为稳就业、促增收的重要抓手，但是由于资金短缺，园区规模偏小，其吸纳劳动力特别是贫困劳动力的"容量"有限，因此建议上级政府加大对贫困市州创建农民工创业园、就业创业孵化基地的支持力度。

2. 贫困劳动力培训的相关建议

第一，推行培训、鉴定、输转实名制管理。严格按照贫困人口建档立卡和信息动态管理工作程序，核实完善精准扶贫大数据平台信息采集数据，提高采录质量的精准指数，完善"户有卡、村有册、乡有簿、县（区）有档"的台账式管理制度，实现扶贫对象有出有进、动态管理。第二，组织人员面对面宣传技能培训促进增收的重要作用，引导群众树立劳务致富的新观念。通过电视、报纸、网络等媒体，大力宣传和推广劳务致富的先进典型和成功经验，引导广大农民转变观念，营造群众广泛参与培训的浓厚氛围。第三，进一步整合培训资源。协调妇联、扶贫、教育、农业、林业等部门，以各县区的职业中专、民办职业培训机构为培训主体，对现有培训资源、培训师资进行有效整合，统一管理，统一调度，最大限度地发挥资源整合效应，形成"培训对象各有侧重、培训资源相互补充、培训内容各有特色"的培训格局。

3. 贫困劳动力劳务输转的相关建议

以建档立卡贫困劳动力作为工作重点，构建起"政府推动、市场促动、能人带动、社会联动、本人主动"的多元化输转新格局。一是做好劳动力资源信息管理，建立劳动力资源管理系统、劳务输转实名制数据库和用工信息储备库，做到贫困劳动力底数清、情况明，实现市、县、乡、村各级数据共享。二是培育特色劳务品牌促进就业，每年组织开展劳务品牌培训项目，重点扶持和培育一批具有一定市场占有率的优势工种，打造提升具有地方特色的劳务品牌，促进劳务输转从体力型向技能型、分散型向组织型、低端型向品牌型转变。三是加强驻外劳务服务站和基地建设，完善职业培训、就业服务、劳动力维权"三位一体"工作机制。四是完善输出地与输入地劳务对接机制，重点对"长三角""珠三角"等务工人员集中地区的用工情况进行调查摸底，对已转移就业人员的务工时间、地点、行业和工资收入进行全面分析，对未转移就业人员的务工意向进行全面汇总，做到输转有目标、援助有措施、服务有保障。五是开展精准脱贫"企业＋贫困村"招聘活动，协调辖区内重大建设项目吸纳当地贫困劳动力务工。六是建立健全以劳务输转行业协会为纽带、各级公共就业服务机构为主体、劳务经济人队伍、各类民办劳务中介机构、驻外劳务机构为补充的"五位一体"劳务经济市场服务体系，促进贫困劳动力转移就业与市场需求有效对接。

4. 社会保险扶贫的相关建议

第一，目前仅对农村居民中一、二级重度残疾人、五保户等缴费特困群体，由县区政府为其代缴全部或部分最低缴费标准的养老保险费。实际上大量建档立卡贫困户也面临缴不起保费的困难，却无法享受政府补贴或代缴政策。因此，建议相关部门对如何扶持建档立卡贫困户参保缴费的问题进行研究，制定并出台相关政策，以解决他们面临的缴费困难。第二，鉴于贫困人口缴费积极性不高的现状，建议各地加大政策宣传力度，充分利用广播、电视、网络等媒介，广泛宣传养老保险政策及参保程序；针对部分参保意愿不强的贫困户，重点采取措施，引导他们参保续保，实现贫困人口应保尽保。第三，贫困群众普遍反映现行基础养老金水平偏低，无法满足贫困老年人口的正常生活支出，建议国家和省级建立基础养老金正常调整机制，适时适度提高基础养老金标准。

5. 基层公共服务平台建设的相关建议

第一，在全省范围内选定几个具有典型性的贫困县推进示范化建设，通过发挥带头示范作用，推进县级基层平台建设的标准化进程。第二，当前甘肃省贫困地区的公共服务平台仅是延伸到社区层面，大多数行政村尚未被覆盖，建议在条件成熟的行政村建立村级公共服务工作平台。第三，针对基层机构办公场所紧缺的实际情况，建议相关部门对西部经济欠发达省份基层公共服务平台建设在政策、资金和物质等方面给予倾斜扶持，改善这些地区基层机构的基础设施和软硬件建设。第四，加强基层工作人员队伍建设。协调编制部门核定基层机构的人员编制，明确业务范围和工作性质。对基层机构的聘用人员按照政策规定落实公益性岗位补贴、社会保险补贴和一次性职业培训补贴，提高工作人员劳动报酬，激发他们的工作积极性。同时，加强对基层工作人员的业务指导和培训力度，全面提升他们的综合素质和业务能力。

三　重庆市人力资源社会保障精准扶贫情况研究

笔者在 2016 年前往重庆市石柱土家族自治县（以下简称石柱县）和忠县展开实地调研，重点了解连片特困地区的贫困现状、实际困难及脱贫需求；各地推进人社扶贫采取的政策措施，实施成效以及存在的问题；推进人社扶贫的工作思路及建议等。其间，笔者先后三次参加了重庆市、石柱县和忠县政府部门座谈会（由省、市、县各级人社、扶贫、发改等部门参加）；并与当地多家企业的主管进行集体座谈，了解扶贫龙头企业和经营困难企业的实际困难及诉求；同时，实地走访了三河镇蚕溪村、三星乡石星村等贫困村，走访部分贫困户家庭，与贫困户代表进行深度访谈，并向其发放调查问卷。根据调研获得的相关数据和信息，对重庆市实施人力资源社会保障精准扶贫的情况分析如下。

（一）　重庆市调研地区的贫困现状

1. 贫困县县域发展概况

石柱县是重庆市唯一集少数民族自治县、三峡库区淹没县、革命老区县和国家扶贫开发重点县于一体的特殊县份，全县面积 3012 平方公里，辖 33 个乡镇及街道，总人口 54 万人。尽管石柱县立足渝东南生态保护发展区功能定位，实施"生态立县、开放兴县、工业强县、商旅活县"战略，地方自主发展能力有所提高，但是整体仍然处于较低水平。如表 4 - 3 所示，2015 年全县实现地区生产总值约 129.2 亿元，人均地区生产总值约 3.3 万元，当年财政预算收入约 12.6 亿元，财政预算支出 43.0 亿元，财政自给率仅为 29.3%，其他需要上级财政转移支付。尽管 2015 年扶贫专项资金增加到约 16.8 亿元，但是从纵向看，2013 ~ 2015 年间扶贫专项资金支出占比有所下降。2015 年社保和就业支出总量达到 3.9 亿元，占到公共财政预算支出的 9.1%，与前两年相比，社保和就业支出占比有了较大提升。

表 4 - 3　石柱县和忠县基本情况统计表

单位：万元，%

地区	年份	地区生产总值	人均地区生产总值	公共财政预算收入	公共财政预算支出	其中：扶贫专项资金		社保和就业支出总量		财政自给率
					总规模	规模	占比	规模	占比	
石柱	2013	1074299	2.6487	87301	338073	140080	41.4	26129	7.7	25.8
	2014	1221987	3.0321	93453	367011	149357	40.7	31246	8.5	25.5
	2015	1292400	3.3199	125737	429687	167817	39.1	39029	9.1	29.3
忠县	2013	1826278	2.4792	107754	394736	7296	1.8	55782	14.1	27.3
	2014	2082603	2.8668	121038	418635	8003	1.9	56876	13.6	28.9
	2015	2223968	3.1115	133981	509906	10468	2.1	62135	12.2	26.3

资料来源：由石柱县和忠县地方政府提供，笔者进行整理。

忠县位于重庆市中部、三峡库区腹心，是省级贫困县。全县面积 2187 平方公里，辖 27 个乡镇和两个街道，总人口 100 万。尽管近年来忠县立足渝东北生态涵养发展区域功能定位，坚持生态涵养与特色发展并重，地方自主发展能力有所提高，但是整体仍然处于较低水平。2015 年，全县实现地区生产总值约 222.4 亿元，人均地区生产总值约 3.1 万元，财政预算收入约 13.4 亿元，财政预算支出 63.2 亿元，财政自给率仅为 26.3%。与作为国家级贫困县的石柱县相比，忠县属于省级贫困县，扶贫专项资金支出规模较少。但是，当地社保和就业支出总量达到 6.2 亿元以上，占到公共财政预算支出的 12.2%，社保和就业支出相比石柱县较高。

2. 贫困人口基本情况

如表 4-4 所示，2015 年石柱县城乡居民人均可支配收入分别为 25116 元和 9642 元，分别比忠县城乡人均可支配收入要低 1662 元和 1318 元。石柱县有贫困村 85 个、贫困家庭 15758 户、贫困人口 54908 人，贫困发生率较高，2015 年达到 14.8%。忠县有贫困村 50 个、贫困家庭 10076 户、贫困人口 32198 人，近三年来脱贫效果较好，贫困发生率下降明显，从 2014 年的 8.98% 下降到 2015 年的 4.29%。从贫困相关指标来看，石柱县作为国家级贫困县，贫困程度明显高于忠县。即使在贫困群体内部，贫困程度也有所不同。以忠县 2015 年实施脱贫攻坚的农村建档立卡扶贫对象 20240 户、68004 人为例，其中 A 类（重度贫困）贫困户 2541 户、7676 人，占比 11.29%；B 类（中度贫困）贫困户 13464 户、46301 人，占比 68.09%；C 类（轻度贫困）贫困户 4235 户、14027 人，占比 20.63%。从致贫原因来看，居于前三位的致贫原因分别是病、学、残。据统计，在建档立卡贫困户中，因病致贫占 51.05%，因学致贫占 21.25%，因残致贫占 6.11%。

表 4-4　石柱县和忠县贫困状况统计表

地区	时间	贫困人口数（万人）	贫困发生率（%）	贫困村数（个）	城镇居民人均可支配收入（元）	农村居民人均可支配收入（元）
石柱县	2013	4.84	12.41	52	21170	7765
	2014	5.9	15.7	26	22916	8742
	2015	5.5	14.8	85	25116	9642
忠县	2013	6.1	8.0	87	22912	8849
	2014	6.8	8.98	72	24455	9803
	2015	3.2	4.29	50	26778	10960

资料来源：由石柱县和忠县地方政府提供，笔者进行整理。

综合石柱县和忠县调研情况，两县劳动力受教育水平普遍偏低，石柱县以小学及以下、初中学历居多，分别占39.76%和32.9%，高中占10.29%，中专及中职占4.64%，大专及以上占12.40%。忠县以初中学历为主，初中学历占59.57%，小学及以下占19.89%，高中占15.40%，大学及以上占4.27%。另外，两县劳动力的职业技能水平整体不高。忠县无技能的劳动者占94.55%，初级工占1.87%，中级工占1.49%，高级工占1.37%，技师占0.79%，高级技师仅占0.05%。

（二）重庆市人力资源社会保障扶贫工作情况

1. 就业扶贫政策实施情况

2015年起，重庆市人社局会同市扶贫办印发《关于开展就业扶贫工作的通知》，从精准掌握贫困人口信息、开展贫困人口技能培训、扶持贫困人口创业、促进贫困人口转移就业、开发公益性岗位托底安置、促进贫困高校和技师学院毕业生就业等方面采取具体措施，并制定《农村公益性岗位开发》（渝人社发〔2015〕275号）、《农村贫困人口技能培训》（渝人社发〔2016〕141号）等相关配套文件，扎实开展就业精准扶贫工作。同时，重庆市加大对贫困区县就业资金转移支付力度，保障各项就业扶贫政策落地。据统计，2015年对18个贫困区县转移支付就业资金33700万元，同比增长7%；2016年进一步加大资金投入，对18个贫困区县转移支付就业资金40700万元，同比增长21%。2015～2016年间帮扶16.4万名农村贫困人口实现就业创业，就业扶贫工作取得比较明显的成效，主要经验做法如下。

（1）精准锁定帮扶对象，摸清贫困人员就业需求。

重庆市通过建立人力资源基础台账，收集掌握全市2106万劳动年龄段内人员信息，并与扶贫部门统计的165.9万农村建档立卡贫困户数据进行交互比对，依托乡镇、村基层就业服务平台，对贫困对象开展摸底调查，动态掌握具有劳动能力且有转移就业意愿的人员20.3万人，详细登记贫困劳动力的性别、年龄、学历、就失业状态、技能水平、求职意向和培训需求等信息，建立就业扶贫专项台账。以石柱县为例，该县按照"乡不漏村、村不漏户、户不漏人"的要求建立贫困劳动力培训就业档案，对建档立卡贫困劳动力实施有针对性的转移就业和创业帮扶措施，实现对建档立卡贫困劳动力的"精准识别、精准帮扶、精准转移"。

（2）精准开展技能培训，实现贫困劳动力培训全覆盖。

从2015年起，重庆市启动实施"贫困人员职业技能培训三年行动计划"，确保到2017年底每一名有培训意愿的贫困人员"应训尽训"，实现有条件的贫困户"一户一人一技能"全覆盖。一是突出培训针对性。以市场为导向，建立紧缺职业目录动态发布制度，根据企业用工需求，组织开展"订单式"培训，推动实现定向就业。二是实施重点培训。对建档立卡贫困户等群体进行政策倾斜，培训职业（工种）均按成本全额补贴。三是创新培训机制。整合全市359家培训机构，成立就业技能培训联盟，统一组织贫困劳动力参加家电维修、焊工等紧缺职业跨区域培训和市级示范培训。同时，建立家庭服务业联盟，每年组织两万名40～50岁农村妇女开展家庭服务业培训，全市家庭服务业从业人员已达到30万人。四是培育特色培训品牌。结合各区县自身优势和贫困人员情况，重点打造"巫山·红叶姐"家政服务和"彭水·苗家刺绣"等特色培训品牌，调动贫困人员参与培训的积极性。2016年以来，全市各级人社部门牵头组织培训贫困劳动力9900人，培训后就业率达到85%以上。

（3）精准开展对接服务，促进贫困人员就业创业。

一是组织开展"春风行动""就业援助月""民营企业招聘周"

等专项活动，将贫困人员纳入重点服务群体给予帮扶。2016 年，全市各级公共就业服务机构举办专场招聘会 1043 场，帮扶 1.6 万名贫困人员转移就业。如石柱县结合开展公共就业服务专项活动，广泛搜集县内外用工信息，搭建贫困大学生、贫困劳动力与用人单位的对接平台，联合园区企业适时举办针对贫困大学生、贫困劳动力的专场招聘会，将招聘会办到乡镇、村居，方便贫困群众在家门口求职。二是开展劳务协作，促进转移就业。依托重点企业人力资源服务联盟，发挥重点产业人力资源服务公司、28 个区县分公司、200 家门店、727 家人力资源服务机构以及 1 万余名劳务经纪人作用，为贫困人员推荐就业岗位，引导渝东北、渝东南地区贫困人员向都市功能核心区、拓展区及城市发展新区梯度转移。2016 年，全市通过市场化送工，帮扶贫困人口转移就业 5.8 万余人。三是开发公益性岗位，实现托底就业。从 2015 年起，重庆市下文将公益性岗位补贴由城镇就业困难人员扩展到农村建档立卡贫困户，对通过市场渠道无法实现就业的贫困人员进行过渡性安置。到 2017 年，在规模适度、资金可控的前提下，重点在 18 个贫困区县、1919 个贫困村及所在乡镇开发 1 万个公益性岗位，从事孤寡老人和留守儿童看护、社会治安协管、乡村道路维护、保洁保绿等工作，由市财政按每人每年 5000 元给予岗位补助。截至调研时，石柱县已安置 541 名贫困人员从事公益性岗位，有效带动 1100 人脱贫；忠县在贫困村及所在乡镇已开发农村贫困人员公益性岗位 700 个。四是实施创业帮扶，带动贫困就业创业。一方面，重庆市政府办公厅印发《促进农民工等人员返乡创业实施方案》，加大对返乡创业群体的扶持力度，带动贫困人口就近就地转移就业。另一方面，针对有创业意愿的贫困人员，分类开展 GYB、SYB 和微企创业培训，重点开展农村电子商务创业培训，引导和扶持贫困人员自主创业。同时，为有创业意愿、缺乏创业项目的贫困人员量身推荐特色创业项目，对符合条件的对象给予最高 10 万元的创业担保贷款。2016 年，全市共计帮扶 6000 名贫困人员实现创业或发展农业产业。

（4）精准开展就业援助，促进贫困高校毕业生就业创业。

重庆市高度重视促进贫困家庭高校毕业生就业创业，从 2014 年起市政府出台扶持贫困高校毕业生就业创业 15 专项政策措施（渝府办发〔2014〕53 号）至今，每年都会优先保障贫困高校毕业生在年底全部实现就业创业或参加到就业创业准备活动中，将贫困高校毕业生纳入全市就业信息系统进行实名登记管理，实施大学生定制服务计划、就业促进计划和创业引领计划，开展"一对一"就业创业帮扶服务。通过职业指导、就业推介、就业技能或创业培训、组织到企业见习、公益性岗位托底安置等多种途径，确保贫困高校毕业生 100% 实现就业创业。2016 年，全市共向 2.23 万名贫困高校毕业生发放在校求职创业补贴 1789 万元；成功举办国有企业帮扶贫困家庭大学生就业专场双选活动；组织多家国有企业提供优质岗位 5000 个，重点用于吸纳贫困高校毕业生。

2. 社会保障兜底脱贫情况

（1）精准识别，促进贫困人员应保尽保。一是全民参保登记助推精准扩面。重庆市于 2013 年启动全民参保登记，并建立全民参保登记数据库，通过信息比对、入户调查、数据集中管理和动态更新等措施，对各类群体参保情况进行记录、核查和规范管理，锁定未参保、未参齐险种以及断保等重点人群，对应分解到各区县、镇街、社区，逐门逐户上门讲解和宣传政策，精准扩面。同时，利用全民参保登记数据库与金保业务数据库通道，实现全民参保登记数据与社保业务数据之间的动态管理。二是实现各部门数据交互共享。重庆市人社局与扶贫办建立针对贫困人员的数据交互工作机制，由扶贫办向人社部门动态提供全市贫困人员基础信息,人社部门通过业务系统甄别锁定未参保的贫困人员,再通过与公安、卫计等部门数据逐人核查比对,剔除查无此人、空挂户、死亡等因素,实现贫困人员精准扩面,并为贫困参保人员开设办卡"绿色通道",实现社会保障卡即参即制即发。截至2017年末,全市城乡养老保险和城乡医疗保险的参保覆盖率都保持在95%以上。石柱、忠县两地调研情况显示,绝大多数建档立卡贫困人员参加了城乡居民养老保险和城乡居民医疗保险。

(2)积极推进健康扶贫,针对贫困人员实施倾斜政策。一是全面落实对贫困人员的资助参保政策。对纳入民政重点资助的贫困人员参加城乡居民医保一档的,缴费给予全额资助;参加二档的给予一档标准的资助。对其他贫困人员,按贫困程度分类定额资助,确保贫困人口参保全覆盖。二是实施向贫困人员倾斜的城乡居民大病保险报销政策。在大病保险按50%、60%两档分档报销基础上,对农村贫困人口在区域内的区县级医院就医,住院报销比例提高10%,基本医保报销起付线和大病保险起付线分别降低50%。此外,针对贫困人员通过基本医保、大病保险报销后的医疗费用,由民政医疗救助、扶贫资金购买商业保险等政策跟进再报销,充分化解贫困人员医疗负担。2017年,全市有近万名贫困人员享受城乡居民大病保险待遇,报销医疗费用10.5亿元,贫困人员城乡居民基本医疗保险报销比例较全市平均报销比例高出11个百分点。三是扩大门诊重大疾病和慢性病保障范围。重庆市将影响城乡居民健康和可能带来家庭灾难性支出的常见慢性病、重大疾病门诊治疗纳入医疗保险保障范围,城乡居民医保的特病门诊统筹病种达到28种。

(3)信息系统支撑,实现医疗保险与医疗救助、扶贫资助"一站式"结算。一是金保业务专网已覆盖并直连全市所有区县、乡镇(街道)及其所有医保定点医药机构(含村卫生室),实现基层医疗卫生机构金保专网"到底到边",有效保障贫困参保人员在基层就医全面实现实时结算。二是利用信息化手段,推进医疗费用"一站式"结算。2012 年,依托全市统一建设的数据中心,将城乡居民医疗保险建成市级集中信息系统,并与市民政局合作构建起居民医保和医疗救助资源共用、信息共享的"一体化"经办服务平台,实现居民医保与医疗救助在人员信息、就医信息、支付结算和医疗费用信息等方面的无缝链接以及就医费用"一站式"结算和报销。2015 年又将建档立卡贫困人员纳入专门管理,与市扶贫办、市卫计委等部门加强数据共享和系统对接,提高对贫困人员的精准化医疗保障服务能力。截至 2017 年末,全市参加城乡居民医疗保险有 170 多万贫困人员,贫困人员在全市医保定点医疗机构和村卫生室看病就医全部实现基本医保、大病保险、医疗救助"一站式"即时结算服务。

(三) 重庆市人力资源社会保障扶贫工作面临的主要问题

1. 就业扶贫政策实施中遇到的困难及问题

(1) 贫困劳动力参与就业扶贫的积极性不高。

一是在现行就业政策中,创业担保贷款、职业培训等很多政策都是普惠政策,缺乏针对贫困劳动力的特惠政策,因此对贫困劳动力来说没有特别吸引力。二是一些贫困人口自身存在"等、靠、要"的思想,对外出就业心存顾虑,还有一些人因为照顾家庭等原因对外出务工的意愿不强。重庆市问卷调查显示,调查对象家中有人外出务工的占 66%,没有外出务工的占 34%。其中,没有外出务工的主要原因是需要照顾家庭。三是贫困人口参加职业培训意愿不强。由于大部分青壮年劳动力外出务工,留守在家的贫困人员普遍年龄偏大,掌握技术能力较弱,培训意愿不强。同时,因为担心影响打工收入、家务劳动、农作物收播等原因也导致贫困人口参加培训意愿不强,地方政府面临培训生源少、组织培训难等问题。此外，由于经济下行压力大，劳动力市场新增就业岗位有限，贫困人员接受培训后仍难以找到理想工作，也影响了贫困人员参与培训的积极性。

（2）面向贫困人口的职业培训有待进一步完善。

根据调研情况，当地政府在组织开展贫困人员职业培训实践中，除了面临培训生源少、组织培训难等问题以外，还有一些问题亟待研究解决。比如，职业培训工种与贫困劳动力需求不够匹配。一方面，贫困地区因培训场地、师资、设备等资源不足，培训专业开设有限，多以初级技能培训为主，培训层次不高，难以完全满足贫困人口的多样化培训需求。另一方面，当前扶贫、人社、农委等不同部门都有针对贫困户的培训项目，但是因为培训范围和培训对象不统一、培训标准和技能鉴定不统一等原因，各部门培训项目和资金在实践中整合比较困难，培训资源利用率整体不高。

（3）贫困劳动力转移就业遇到一定困难。

一是大多数贫困人口文化素质偏低、缺乏职业技能，就业竞争力较弱，就业途径较少，这些劣势对贫困劳动力转移就业造成一定障碍。如图4-1所示，重庆市受访贫困群众在找工作中遇到的主要困难首先是文化程度低，缺乏职业技能；其次是年龄偏大遭到歧视；再次是获取招工信息比较困难，就业渠道狭窄；最后是担心不能适应外界环境或身患残疾遭到歧视。二是贫困县经济发展落后，工业经济欠发达，县内企业能够提供的就业岗位有限，不能完全吸纳贫困人口，也制约了贫困劳动力就地转移的规模。三是转移就业组织化程度不高，贫困劳动力外出就业自发的多，有序组织的少。比如，尽管重庆市与山东省签订了就业扶贫对口帮扶协议，但是重庆籍贫困劳动力大多不愿去山东务工，即使一些人出去了，不久也会因为生活习惯不适应等原因返回老家。

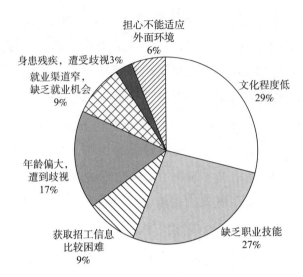

图4-1 重庆市受访贫困群众找工作遇到的困难

（4）贫困人口创业缺乏资金投入和技术指导。

一是受生活圈子的影响，贫困人口存在找项目难、找反担保人难、找房产抵押难等"硬伤"，难以享受创业担保贷款政策。特别是创业担保贷款个体额度较少，无法有效满足贷款者创业融资需求，加之贷款五年商贷记录规定的影响，将大部分有资金需求的贫困人口拒之门外。二是贫困人口文化素质偏低，专业技术缺乏，且没有经营管理经验，不能很好地规划自己的创业项目，加之后续资金短缺，导致他们的创业成功率整体不高。三是在调研中得知，贫困户如果创业注册实体以后会被取消贫困户资格，不能享受贫困户相关优惠政策，导致贫困户不会主动注册实体，造成部分创业扶持政策不能落实。

2. 社会保险政策实施中面临的困难及问题

（1）部分贫困人口仍然游离于社会保障安全网之外。

城乡居民基本养老保险虽然实现了制度全覆盖，但与实现人群全覆盖还有一定差距，仍有少部分人群由于各种原因游离于社会保障体系之外。截至调研时，忠县当年计划脱贫的29191名贫困人口中，仍有1100人未参加当年城乡居民养老保险。通过调查了解到，这些贫困人员未参保的原因主要有：一是部分贫困群众参保意识不强，参保积极性不高。二是贫困人口收入微薄，缴费能力不足，而政府目前没有出台针对贫困群众参保缴费的补贴扶持政策。三是大部分贫困人口居住在距离城镇较远的农村，银行网点一般都设置在城镇集中地，老弱病残等人员领取养老金不方便，从而影响其参保意愿。四是贫困群众认为保障待遇偏低，不能完全解决其养老问题。如图4-2所示，51%的调查对象表示家中老人每月领取的养老金无法满足日常开销，19%的调查对象表示养老金离满足开销还差一点，26%的调查对象表示养老金基本能满足日常开销，只有4%的调查对象表示养老金完全满足日常开销且尚有结余。

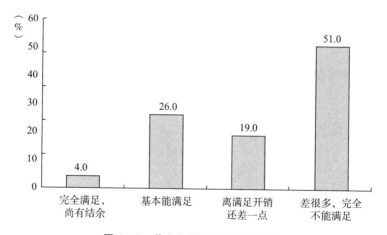

图4-2　养老金能否满足日常开销

（2）城乡居民养老保险的制度设计有待优化。

一是缴费档次设置过多，且各档次之间间距不大，使得参保群众在选择时犹豫不决。二是现行政策的缴费激励机制不够完善，多缴多得的好处没有得到充分体现。在"入口"环节，尽管市、县（区）两级财政都对个人缴费给予补贴，但是贫困县（区）补贴层次低，而且补贴标准与缴费档次之间缺乏关联机制。由于缴费补贴政策不够完善，政府补贴的刺激明显不足，不能有效引导贫困地区人口参保缴费。在"出口"环节，养老金待遇与个人缴费之间的关联度不够紧密，不同缴费档次下领取的养老金待遇没有拉开明显的差距。综合"入口"和"出口"两个环节的影响，贫困群众不能直观、明显地感受到多缴多得带来的好处，一定程度上影响了他们的缴费积极性。重庆市问卷调查显示，绝大多数的调查对象（占84%）选择按城乡居民养老保险的最低档次100元缴费。三是如图4-2所示，城乡居民养老保险待遇偏低，难以满足贫困老人晚年基本生活开支。而且，城乡居民养老保险待遇与农村居民最低生活保障待遇差距较大，缺乏基础养老金正常调整机制，养老金待遇调整没有实现与经济社会水平发展同步。农村居民最低生活保障待遇大约每两年调整一次，但是城乡居民养老保险基础养老金并未随着农村居民最低生活保障调整而同步调整，以致两项制度待遇之间的差距越来越大。

（3）医疗保障政策需进一步向贫困群体倾斜。

目前，重庆市已经建立起以城乡居民医疗保险为基础的多层次居民医疗保障体系，这是保障贫困群众及时享受医疗服务和缓解因病致贫、因病返贫问题的关键。根据调研情况，由于群众对医保政策理解不透，乡镇收取参保费用不统一，医疗费用报销标准低等因素，导致部分居民对政策不理解、不支持，扩面征缴遇到一定困难。在未参保的贫困人员中，97.27%的人或是因为无缴费能力，或是对制度预期收益不高。由此可见，要想构建起覆盖贫困人口的医疗保障体系，真正发挥健康扶贫功能，需要解决三个问题：第一，尽管目前民政部门对认定的救助对象参加城乡居民合作医疗保险，实行资助参保缴费政策，但是，民政认定的救助对象与建档立卡贫困户范围存在很大差异，仅涉及贫困户中农村低保户等小部分群体，多数贫困户没有享受到地方财政资助缴费政策。第二，医疗费用报销仍然处于较低水平，无法彻底解决因病致贫、因病返贫问题，特别是无法缓解患重大疾病贫困人员的医疗支出压力。重庆市问卷调查结果显示，尽管有83%的人表示参加医保后，看病由自己承担的医疗费用减少了，但是如图4-3所示，超过一半的调查对象认为目前医疗保险报销比例不太合适或不合适，还有近一半的人表示参加医疗保险以后，在办理转诊、报销等手续时不方便。第三，多层次医疗保障体系的统筹发力仍需强化，医保基金与民政救助、扶贫和残联等各部门资金的统筹力度和综合使用效率有待进一步提高。

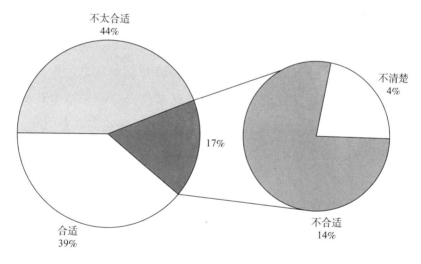

图4-3　医疗保险的报销比例是否合适

3. 基层公共服务平台建设仍需加强

当前，人社领域的很多经办业务需要下沉到乡镇（街道）、村（社区）层级，群众不出家门即可享受公共服务。但是根据调研情况，基层公共服务平台建设与满足群众需求之间仍然存在较大差距。一方面，基层工作平台建设比较薄弱。目前，石柱县33个乡镇（街道办事处）就业和社会保障平台基本得到改扩建，但是村（社区）服务平台建设情况不佳。重庆市问卷调查显示，40%的调查对象表示所在村庄没有建立劳动保障服务站，绝大部分村（社区）没有办公场地，设施设备简陋。另一方面，基层劳动保障工作人员"不专不稳"的现象比较突出。大部分工作人员身兼数职，人员变动比较频繁，直接影响了基层公共服务的正常提供。

（四）推进重庆市人力资源社会保障扶贫工作的政策建议

1. 开展精神扶贫行动，引导贫困人口树立正确的就业观念

各级部门要从思想、认识上对贫困人口进行帮扶，鼓励他们积极就业创业，通过就业摆脱贫困走向富裕，使贫困人口从"要我脱贫"转变成"我要脱贫"。在全社会营造良好的就业氛围，充分利用广播电视、报纸、杂志等新闻媒体，引导全社会转变就业观念，树立正确的择业目标和价值观。建立健全基层就业扶贫体系，确保每个贫困村至少有一名工作人员负责就业扶贫工作，及时开展各类就业宣传活动，加强就业指导，促进贫困劳动力认清就业形势，主动转变择业观念。

2. 以市场需求为导向，抓好贫困劳动力培训工作

各级人社部门应动态掌握农村贫困人口底数和就业创业需求，深入实施农村贫困人口职业培训计划，确保每一名有培训意愿的贫困人员"应训尽训"。一是以产业发展为导向开展培训。围绕县域生态旅游、绿色产品等特色产业发展布局，全面摸排、掌握贫困家庭产业发展的培训意愿，坚持目标导向、量体裁衣和精准培训，开展农业产业和农村实用技术培训。二是以市场需求为导向开展技能培训，建立健全贫困人口"培训 + 就业"一体化工作机制。动态开展就业市场用工调查，采取订单培训、定岗培训、定向培训等就业导向的培训模式，有针对性地开展贫困劳动力技能培训，实现技能培训与转移就业的无缝对接。三是以培养工匠人才为导向开展培训。将有意愿学习木工、电工、果树栽培等手艺的贫困劳动力与艺人结对，开展传帮带活动，助力增收脱贫。四是加强贫困地区职业培训保障体系建设。市级财政需加大资金投入力度，帮扶贫困县改善培训场地、设施设备等基础设施条件，引进和培养高技能培训的师资人才，并在有必要且有条件的贫困地区建设一批职业技能实训基地。同时，充分调动社会资源，引导和支持用工企业在贫困地区建立劳务培训基地，积极开展订单、定向培训，强化实际操作训练和技能提升培训。

3. 加大就业扶贫政策支持力度，抓好重点群体就业创业帮扶

（1）进一步加大就业扶贫政策支持力度。一是实行城乡统一的就业创业登记制度，确保贫困人员同等享受免费公共就业服务和相关就业创业优惠扶持政策。二是建议在现行政策基础之上，出台针对农村贫困劳动力的培训生活补贴、鼓励企业吸纳就业岗位补贴等政策。三是进一步健全创业政策扶持体系，建议放宽贫困户创业就业申贷条件，制定贫困户申贷特别办法，畅通申贷"绿色通道"；出台贫困户创业后期扶持政策，为贫困户创业提供强大后续保障。四是建议充分考虑到贫困地区劳动者技能低、培训开发资金需求量大，地方财政困难等实际情况，加大对贫困地区的就业资金投入力度，支持贫困地区实施就业精准扶贫。

（2）做好贫困高校毕业生就业创业帮扶工作。建议由财政出资、社会募集和企业赞助，设立高校毕业生创业基金，对创业的高校毕业生在场地、设备、融资等方面进行精准帮扶；同时整合政府、社会、企业、学校的要素资源，搭建政策导航、社会氛围、企业用工、学校热门专业等宽领域、广覆盖的供需信息和对接平台，针对高校毕业生就业创业实际，提供更加精准有效的高端定制服务。

（3）做好贫困劳动力就业创业帮扶工作。一是根据贫困劳动力的技能水平、就业意向等情况，依托当地特色种养殖、农产品加工、农村电商等产业，开发适合他们的工作岗位供其选择，拓宽贫困人口就地就近就业渠道。二是加强岗位信息收集，举办就业扶贫专场招聘会，促进贫困劳动力与用人单位的供需对接。在"春风行动""就业援助月"等就业服务专项活动中，开设贫困人员就业服务展台，落实专人集中为其提供"一对一""点对点"的就业援助。三是引导劳动密集型行业企业到贫困县投资办厂，鼓励企业在乡镇（村）创建扶贫车间、村社代工点以及手工编织等居家就业和灵活就业形态，并将经济效益好、社会信誉度高的企业作为就业扶贫基地，精准转移贫困人口就业。四是引导贫困劳动力向城市发展新区、都市功能拓展区有序转移，并以发达城市驻外劳务机构为依托，有序组织贫困家庭劳动者向外输出就业。五是完善"公共就业服务机构＋担保公司＋承贷金融机构"创业担保贷款模式，推进创业担保贷款最大限度地辐射贫困劳动力。实施创业能力提升工程，为贫困劳动力开展有针对性的创业培训和"互联网＋"电商创业培训。同时，积极打造贫困人员创业孵化园，为贫困人口中的创业者从项目推介到成功创业提供全过程跟踪服务。六是深入推进"充分就业社区"和"充分就业村"创建工作，力争到"十三五"末，所有贫困村达到充分就业标准。

4. 完善社会保障政策，提高社保经办服务水平

（1）尽管重庆市城乡居民养老保险制度一体化进程走在全国的前列，但是对贫困群体的针对性规定不多，而且由于各种原因，仍有部分建档立卡贫困户尚未被制度覆盖。提升贫困群体参保覆盖率，引导贫困人口参保缴费，不仅需要完善城乡居民养老保险制度本身，还需要提升城乡居民养老保险的经办能力及民众的认知水平，增强服务的可及性。在制度建设方面，完善城乡居民保险基础养老金的调整机制，明确基础养老金的调整依据和调整比例等，适当提高基础养老金的待遇水平，建立科学合理的养老金多缴多补机制，树立民众的保险意识和责任意识。在经办服务方面，综合考虑残疾人群、老年人群、外出务工人员的服务需求，加大对城乡居民养老保险的制度宣传和制度解释；优化业务经办服务流程，借助现代化技术手段，进一步提升社保经办效能。

（2）健全针对贫困群体的城乡居民医疗保险、大病保险、医疗救助相互衔接的多层次医疗保障体系。一是做好医疗保障相关制度的内外衔接，加强对贫困群体医疗保障政策的宣传推广力度。二是推进人社、民政、扶贫、残联等相关部门之间的统筹协调。一方面，要加强不同部门经办机构的经办管理衔接；另一方面，要进一步提高医保基金与民政救助、扶贫和残联等各部门资金的统筹力度和综合使用效率，努力提高对贫困人员看病就医的综合保障能力。三是加大对贫困地区的社会保险补助资金投入，平衡医疗保险基金收支缺口，增强医疗保障制度的可持续性和医疗服务的可及性。

5. 上级政府需加大资金投入，支持贫困县建设基层公共服务平台

基层公共服务平台是政府公共管理服务体系的重要组成部分，也是人社精准扶贫政策在基层贯彻落实的重要载体。随着人力资源社会保障政策覆盖面的不断扩大，城乡居民对公共服务需求日益多样化，对服务质量和品质的要求越来越高，建议中央、市级财政加大对贫困地区基层公共服务基础设施建设的资金投入，主要用于配置设施设备，扩大和改善基层公共服务场所，同时减少县级财政配套资金比例。另外，还要加强基层经办机构队伍建设。目前，绝大部分乡镇人员编制不足，大部分工作人员身兼数职，工作人员变动频繁，面临人员少、任务重、压力大等问题。针对这种现象，一方面要创新体制机制，建议采取政府购买服务等方式解决基层人员紧张等问题；另一方面，加强对基层工作人员的业务培训，统一业务管理规范，提升业务经办能力，建设一支素质过硬、业务精通、人员稳定的工作队伍。

第五章
人力资源社会保障精准扶贫现状
以及面临的困难和问题

一 现行人力资源社会保障精准扶贫政策梳理

（一）中央层面涉及人社扶贫的相关政策

1. 政策要点

近年来，党中央高度重视推进精准扶贫，陆续颁布了一系列政策文件。这些文件中有很多方面涉及人社部门的工作职能，政策聚焦点主要在贫困劳动力的技能培训和转移就业、贫困人口的医疗保障和社保兜底保障等方面。以下是节选的部分政策要点。

2011 年，国家颁布《中国农村扶贫开发纲要（2011～2020年)》，提出要积极稳妥地扩大贫困地区劳务输出，加强贫困地区劳动力技能培训，组织和引导劳动力健康有序流动。沿海发达地区和大中城市要按照同等优先的原则，积极吸纳贫困地区劳动力在本地区就业。贫困地区和发达地区可就劳务输出结成对子，开展劳务协作。输入地和输出地双方政府都有责任保障输出劳动力的合法权益，关心他们的工作、生活，帮助解决实际困难和问题。

2015 年 10 月，十八届五中全会提出我国"十三五"期间扶贫攻坚目标，要求到 2020 年实现现行标准下的农村贫困人口脱贫，贫困县全部摘帽，解决区域性整体贫困。全会公报第七章提出加强就业服务、社会保障、基本医疗和公共卫生等基本公共服务供给，努力实现全面覆盖。分类扶持贫困家庭，对有劳动能力的支持发展特色产业和转移就业，对丧失劳动能力的实施兜底性保障政策，对因病致贫的提供医疗救助保障。

2015 年 11 月，中共中央、国务院颁布了《关于打赢脱贫攻坚战的决定》，要求实施精准扶贫方略，加快贫困人口精准脱贫，使建档立卡的 5000 万左右贫困人口通过转移就业、医疗救助等措施实现脱贫，其余完全或部分丧失劳动能力的 2000 万贫困人口实行社保政策兜底脱贫。提出具体措施如下。①引导劳务输出脱贫。加大职业技能提升计划和贫困户教育培训工程实施力度，引导和支持用人企业在贫困地区建立劳务培训基地；开展订单定向培训，建立和完善输出地与输入地劳务对接机制；大力支持家政服务、物流配送、养老服务等产业发展，拓展贫困地区劳动力外出就业空间。②开展医疗保险和医疗救助脱贫。新型农村合作医疗和大病保险制度对贫困人口实行政策倾斜，门诊统筹率先覆盖所有贫困地区，降低贫困人口大病费用实际支出，对新型农村合作医疗和大病保险支付后自负费用仍有困难的，加大医疗救助、临时救助、慈善救助等帮扶力度，将贫困人口全部纳入重特大疾病救助范围。③实行社保政策兜底脱贫。加快完善城乡居民基本养老保险制度，适时提高基础养老金标准，引导农村贫困人口积极参保续保，逐步提高保障水平。

2016 年 1 月，中共中央、国务院颁布了《关于落实发展新理念加快农业现代化　实现全面小康目标的若干意见》，对实施扶贫攻坚工程提出新的要求。其中，涉及人社扶贫的表述主要有以下几点：①提高农村公共服务水平。整合城乡居民基本医疗保险制度，适当提高政府补助标准、个人缴费和受益水平；全面实施城乡居民大病保险制度。健全城乡医疗救助制度；完善城乡居民养老保险参保缴费激励约束机制，引导参保人员选择较高档次缴费。②推进农村劳动力转移就业创业。健全农村劳动力转移就业服务体系，大力促进就地就近转移就业创业，稳定并扩大外出农民工规模，支持农民工返乡创业；实施新生代农民工职业技能提升计划，开展农村贫困家庭子女、未升学初高中毕业生、农民工、退役军人免费接受职业培训行动；依法维护农民工合法劳动权益，完善城乡劳动者平等就业制度，建立健全农民工工资支付保障长效机制。

2016 年 11 月，国务院印发了《"十三五"脱贫攻坚规划》（以下简称《规划》），提出"十三五"时期国家脱贫攻坚总体思路、基本目标、主要任务和重大举措，进一步细化了产业发展脱贫、转移就业脱贫、易地搬迁脱贫、教育扶贫、健康扶贫、生态保护扶贫和兜底保障等 7 大扶贫重点任务。其中，与人社部门职能紧密相关的扶贫任务主要集中在转移就业脱贫、健康扶贫、兜底保障等部分。在转移就业脱贫方面，《规划》提出从劳务协作对接行动、重点群体免费职业培训行动、春潮行动、促进建档立卡贫困劳动者就业、返乡农民工创业培训行动、技能脱贫千校行动等六个方面具体实施就业扶贫行动。在健康扶贫方面，《规划》提出从 2016 年起，城乡居民基本医疗保险和大病保险制度要对建档立卡贫困人口、农村低保对象和特困人员实行倾斜性支持政策，降低特殊困难人群大病保险报销起付线、提高大病保险报销比例，减少贫困人口大病费用个人实际支出；选择部分大病实行单病种付费，医疗费用主要由医疗保险、大病保险、医疗救助按规定比例报销；将符合条件的残疾人医疗康复项目按规定纳入基本医疗保险支付范围。在兜底保障方面，《规划》提出逐步提高贫困地区基本养老保障水平。坚持全覆盖、保基本、有弹性、可持续的方针，统筹推进城乡养老保障体系建设，指导贫困地区全面建成制度名称、政策标准、管理服务、信息系统"四统一"的城乡居民养老保险制度。

2. 政策特点

（1）人力资源社会保障作为最贴近老百姓的民生工作，在扶贫脱困的系统工程中日益发挥着重要的作用。中央扶贫文件中有很多表述和要求都涉及人社部门的工作职能，尤其是在转移就业脱贫、实施健康扶贫工程、社保政策兜底脱贫等方面。

（2）从纵向看，随着中央对精准扶贫的重视程度不断提高，人社扶贫政策的内容也在不断全面和细化。《中国农村扶贫开发纲要（2011～2020年）》仅在劳务输出方面做出相关表述，但在之后颁发的文件中不仅涉及转移就业，还有技能培训、医疗保障、养老保障、人才引智等各方面。特别是在十八届五中全会以后，中央陆续颁布了《关于打赢脱贫攻坚战的决定》《"十三五"脱贫攻坚规划》等文件，对"十三五"时期人社扶贫工作提出了新的任务要求，同时细化了工作部署。

（3）人社扶贫政策日益凸显"因人施策"的精准特点。十八届五中全会提出分类扶持贫困家庭，对有劳动能力的支持发展特色产业和转移就业，对丧失劳动能力的实施兜底性保障政策，对因病致贫的提供医疗救助保障。随后，中共中央、国务院颁布《关于打赢脱贫攻坚战的决定》，提出要使建档立卡的5000万左右贫困人口通过转移就业、医疗救助等措施实现脱贫，其余完全或部分丧失劳动能力的2000万贫困人口实行社保政策兜底脱贫。《"十三五"脱贫攻坚规划》提出根据建档立卡贫困劳动者就业情况，有针对性地提供就业帮扶服务。对已就业的，通过跟踪服务、落实扶持政策，促进其稳定就业。对未就业的，通过健全劳务协作机制、开发就业岗位、强化就业服务和技能培训，促进劳务输出和就地就近就业。从上述政策表述可见，人社扶贫根据扶贫对象的个人特征、致贫原因、脱贫需求等因素，采取分类施策，政策靶向更加精准。

（4）人社扶贫政策的关注重点比较突出。近年来，中央集中在贫困地区人才发展规划、贫困高校毕业生就业创业、贫困人口医疗保障等方面颁布了一系列政策文件。比如，《国家中长期人才发展规划纲要（2010～2020年)》（中发〔2010〕6号）提出要制订边远贫困地区、边疆民族地区和革命老区人才支持计划。在职务、职称晋升等方面采取倾斜政策，每年引导10万名优秀教师、医生、科技人员、社会工作者、文化工作者到边远贫困地区、边疆民族地区和革命老区工作或提供服务。每年重点扶持培养1万名边远贫困地区、边疆民族地区和革命老区急需紧缺人才。《国务院办公厅关于做好2014年全国普通高等学校毕业生就业创业工作的通知》（国办发〔2014〕22号）提出各地区、各高校要将零就业家庭、优抚对象家庭、农村贫困人口、城乡低保家庭以及残疾等就业困难的高校毕业生列为重点对象，并实施重点帮扶。《国务院办公厅转发民政部等部门关于进一步完善医疗救助制度全面开展重特大疾病医疗救助工作意见的通知》（国办发〔2015〕30号）提出民政、财政、人力资源社会保障、卫生计生、保险监管等部门加强协作配合，共同做好重特大疾病医疗救助与基本医疗保险、城乡居民大病保险、疾病应急救助、商业保险的有效衔接，确保城乡居民大病保险覆盖所有贫困重特大疾病患者，帮助所有符合条件的困难群众获得保险补偿和医疗救助。

（二）部委层面涉及人社扶贫的相关政策

1. 政策要点

人力资源社会保障部一直高度重视脱贫攻坚工作，认真贯彻落实党中央、国务院关于打赢脱贫攻坚战的决策部署，充分发挥部门职能作用，积极推动人社扶贫工作。《人力资源和社会保障事业发展"十三五"规划纲要》中提出要贯彻精准扶贫、精准脱贫基本方略，创新扶贫工作机制和模式，加大脱贫攻坚工作力度，从就业脱贫、技能脱贫、社保脱贫、人才扶贫、强化公共服务保障等五个方面推进脱贫攻坚行动计划。随后，人力资源社会保障部在 2016 年 8 月 4 日印发了《关于在打赢脱贫攻坚战中做好人力资源社会保障扶贫工作的意见》（人社部发〔2016〕71 号），明确提出"十三五"期间人社扶贫的目标任务：即通过帮助有就业意愿的建档立卡农村贫困劳动力实现转移就业，解决 1000 万人脱贫；使每个有参加职业培训意愿的贫困劳动力每年都能接受至少一次免费职业培训；引导建档立卡农村贫困人口积极参保续保，实现法定人员参加基本养老、医疗保险全覆盖；强化贫困地区人事人才支撑服务；力争实现贫困地区县级劳动就业和社会保障服务平台基本覆盖。为尽快实现人社扶贫工作的目标任务，加快推进连片特困地区的区域发展与扶贫攻坚，近年来由人社部牵头，会同相关部门针对就业创业、技能培训、人事人才、社会保险、基层公共服务、定点帮扶等方面制定了多项涉及扶贫的具体政策。笔者对相关部委出台的人社扶贫文件以及政策要点进行系统梳理，并列表如表 5-1 所示。

表 5-1　相关部委出台的人社扶贫文件及政策要点

人社扶贫领域	人社扶贫政策文件	人社扶贫政策要点
就业创业	《人力资源社会保障部关于在打赢脱贫攻坚战中做好人力资源社会保障扶贫工作的意见》（人社部发〔2016〕71 号）	分类提供精准就业服务；加强劳务协作；拓宽贫困劳动力就业渠道
	《人力资源社会保障部　国务院扶贫办　全国总工会　全国妇联关于开展 2016 年春风行动的通知》（人社部函〔2016〕13 号）	在组织实施"春风行动"时，将贫困劳动力作为重点服务对象，帮助有能力和意愿的建档立卡贫困人口就业
	《人力资源社会保障部　财政部　国务院扶贫办关于切实做好就业扶贫工作的指导意见》（人社部发〔2016〕119 号）	坚持政府推动、市场主导、分类施策、因地制宜等项原则，围绕实现精准对接、促进稳定就业的目标，通过开发岗位、劳务

续表

人社扶贫领域	人社扶贫政策文件	人社扶贫政策要点
就业创业	《人力资源社会保障部 财政部 国务院扶贫办关于切实做好就业扶贫工作的指导意见》（人社部发〔2016〕119号）	协作、技能培训、就业服务、权益维护等措施，帮助一批未就业贫困劳动力转移就业，帮助一批已就业贫困劳动力稳定就业，帮助一批贫困家庭未升学初、高中毕业生就读技工院校毕业后实现技能就业，带动促进1000万贫困人口脱贫
	《人力资源社会保障部办公厅 国务院扶贫办综合司关于进一步做好就业扶贫工作有关事项的通知》 （人社厅发〔2017〕38号）	遴选一批全国就业扶贫基地；深入推进扶贫劳务协作；支持贫困劳动力就地就近就业；支持贫困县农民工返乡创业，鼓励创业带动就业
技能培训	《人力资源社会保障部关于在打赢脱贫攻坚战中做好人力资源社会保障扶贫工作的意见》（人社部发〔2016〕71号）	加大职业技能提升计划实施力度；开展技能脱贫千校行动
	《人力资源社会保障部 国务院扶贫办关于开展技能脱贫千校行动的通知》（人社部发〔2016〕68号）	2016～2020年，依托千所左右省级重点以上的技工院校开展技能脱贫千校行动。使每个有就读技工院意愿的建档立卡贫困家庭应、往届"两后生"都能免费接受技工教育，每个有劳动能力且有参加职业培训意愿的建档立卡贫困家庭劳动者每年都能到技工学校接受至少1次免费职业培训，对接受技工教育和职业培训的贫困家庭学员推荐就业，实现"教育培训一人、就业创业一人、脱贫致富一人"目标
	《国务院扶贫办 教育部 人力资源社会保障部关于加强雨露计划支持农村贫困家庭新成长劳动力接受职业教育的意见》（国开办发〔2015〕19号）	贫困家庭子女参加中、高等职业教育，给予家庭扶贫助学补助。学生在校期间，其家庭每年均可申请补助资金。各地根据贫困家庭新成长劳动力职业教育工作开展的实际需要，统筹安排中央到省财政专项扶贫资金和地方财政扶贫资金，可按每生每年3000元左右的标准补助建档立卡贫困家庭。农村贫困家庭新成长劳动力接受中、高等职业教育，符合条件的，享受国家职业教育资助政策
人事人才	《人力资源社会保障部关于在打赢脱贫攻坚战中做好人力资源社会保障扶贫工作的意见》（人社部发〔2016〕71号）	加强贫困地区基层公务员队伍建设；加强贫困地区基层专业技术人才队伍建设；持续落实向贫困地区、艰苦边远地区和基层倾斜的工资政策；

人社扶贫领域	人社扶贫政策文件	人社扶贫政策要点
人事人才		提供智力支持和人才服务； 做好扶贫开发表彰奖励工作
	《关于印发万名专家服务基层行动计划实施方案的通知》（人社部发〔2011〕123号）	在农业、教育、医疗卫生、文化等重点领域，组织开展支农、支教、支医、扶贫服务等多种形式的社会事业公益性服务活动
	《中共中央组织部　人力资源社会保障部等九部门关于实施第三轮高校毕业生"三支一扶"计划的通知》（人社部发〔2016〕41号）	"十三五"期间，全国每年选拔招募2.5万名、五年共12.5万名高校毕业生到基层从事"三支一扶"服务。着重加强对当前或未来2～3年有空编的基层服务单位岗位征集，招募计划适当向辖区内的贫困地区、艰苦边远地区和少数民族地区倾斜。 各地要在重点开发支教、支农、支医和扶贫岗位的基础上，进一步加大扶贫岗位开发力度
社会保险	《人力资源社会保障部关于在打赢脱贫攻坚战中做好人力资源社会保障扶贫工作的意见》（人社部发〔2016〕71号）	促进贫困人口参加城乡居民基本养老保险； 不断提高贫困人口医疗保障水平
	《人力资源社会保障部　财政部　国务院扶贫办关于切实做好社会保险扶贫工作的意见》（人社部发〔2017〕59号）	减轻贫困人员参保缴费负担； 减轻贫困人员医疗费用负担； 适时提高社会保险待遇水平； 体现对贫困人员的适度优先； 推进贫困人员应保尽保和法定人员全覆盖； 增强贫困地区社会保险经办服务能力
	《人力资源社会保障部办公厅关于贯彻落实社会保险扶贫工作意见有关问题的通知》（人社厅发〔2017〕111号）	要求各地围绕社会保险扶贫目标任务，尽快制定符合本地实际的具体实施办法。 针对人社部发〔2017〕59号文件的一些原则性规定，以附件形式给出《社会保险扶贫政策解读》
基层公共服务	《人力资源社会保障部关于在打赢脱贫攻坚战中做好人力资源社会保障扶贫工作的意见》（人社部发〔2016〕71号）	加强基层劳动就业和社会保障服务平台建设； 提高公共就业服务能力； 加强基层社会保险经办能力建设； 组织实施"互联网＋人社"计划，利用信息化手段推送服务

人社扶贫领域	人社扶贫政策文件	人社扶贫政策要点
定点帮扶	为加大对赣南苏区人力资源社会保障事业发展的支持力度,人力资源社会保障部专门出台《关于支持赣南等原中央苏区人力资源和社会保障事业改革发展的指导意见》和《关于对口支援江西省宁都县人力资源和社会保障事业发展的指导意见》	从促进就业、完善社会保障体系、建设高素质人才队伍、构建和谐劳动关系等方面对支持赣南苏区人力资源社会保障事业发展的指导思想、总体目标和主要任务做出说明,并通过对口支援宁都县,加大对赣南革命老区的帮扶援助

2. 政策特点

(1) 根据国家扶贫开发战略的相关要求,人社部至今出台的政策文件主要聚焦在农村贫困劳动力的职业培训和转移就业、贫困人口的医疗保障和养老保障、贫困地区的人才引智和公共服务能力提升等各方面。

(2) 贫困人口本身文化素质低、就业技能弱,帮扶这类群体就业创业,需要给予更多倾斜的政策支持。可是,现行就业创业、职业培训等政策更多地表现出普惠性特征,没有体现出对贫困人口的特殊照顾。另一方面,虽然在《罗霄山片区区域发展与扶贫攻坚规划(2011~2020年)》《武陵山片区区域发展与扶贫攻坚规划(2011~2020年)》等特困地区发展规划中提及深入开发农村劳动力资源,推进农村劳动力转移等扶贫开发任务,但是没有规划相应的人社帮扶项目作为抓手,也未安排相应的资金保障。

(3) 涉及部门众多,政策尚未形成合力。在现行体制下,由多个部门参与扶贫项目和资金的管理,扶贫政策政出多门,尚未形成有效的分工合作框架,扶贫部门之间也缺乏协调。例如,人社、扶贫、教育、科技、共青团、妇联等各部门都有支持贫困地区开展技能培训的相关政策,然而这些政策尚未形成合力。人社部门虽然承担职业技能培训的主要职能,但是尚未与其他部门构建起技能扶贫工作协调机制,以致各部门间缺乏沟通,各行其是,协调项目和资金的难度很大。

（三）地方层面涉及人社扶贫的相关政策——以江西省为例

根据中央和各部委颁布的文件精神，全国已有 27 个省（市、自治区）人社厅（局）出台了推进人力资源社会保障扶贫的配套文件。调研地区的省、市、县各级政府结合当地实际，纷纷在技能培训、就业创业、养老保障及医疗保障等方面出台了扶持政策。

以江西省为例，为贯彻落实《国务院关于支持赣南等原中央苏区振兴发展的若干意见》（国发〔2012〕21 号），从省、市到县不同层面，自上而下出台了不少扶贫政策。在省级层面，江西省人社厅颁布了《关于支持赣南苏区人力资源和社会保障事业改革发展的实施意见》，其中提出 26 条支持措施，主要包括实施革命烈士后代就业援助工程、加强基层服务平台建设、完善统筹城乡的社会保障体系等系列帮扶措施。

在市级层面，赣州市根据全市精准扶贫工作要求，2015 年以市政府办名义制发了《赣州市就业扶贫工作实施方案》，提出以提升贫困群众就业创业能力、帮扶贫困群众实现稳定就业为首要工作任务，以就业援助、就业培训、产业带动就业、创业带动就业为主要工作措施，以各级公共就业服务机构为平台，建立人社、扶贫、财政、农办、教育等部门及乡级政府、驻村扶贫工作队合力推进的就业扶贫机制。从 2015 年起，每年为每名有转移就业愿望的贫困家庭劳动力提供至少一次的信息服务、政策咨询、就业指导、职业介绍、就业创业培训等免费就业服务，使其就业创业能力得到提升，促其尽快实现就业创业；向吸纳贫困劳动力就业的企业、带动贫困劳动力就业的创业人员落实优惠政策，引导全社会形成帮助贫困群众就业的良好氛围；力争用三年时间，基本形成就业扶贫长效机制，贫困家庭的劳务收入显著增加，真正实现"就业一人，脱贫一户"的目标。

在县级层面，瑞金市结合当地实际情况，在人社精准扶贫方面做出了一些制度创新。2015年，由市委办公室、市政府办公室联合印发了《瑞金市2015～2020年产业、搬迁、教育、就业、保障、金融等"六大"扶贫工作实施方案》，其中与人社工作紧密相关的就是就业扶贫工作实施方案。方案提出在2015～2020年间，多渠道筹集资金，实施积极的就业扶贫政策，让全市有劳动能力、有就业、创业愿望的贫困人口都能至少获得一次政府提供的免费职业技能培训和免费职业介绍的机会，努力做到"培训一人、就业一人、脱贫一人"，帮助20000名就业贫困人口通过充分就业创业脱贫致富。从2015年起开展贫困劳动力职业技能提升培训，每年帮助4000名就业贫困人口通过就业创业脱贫致富。

除了就业扶贫以外，瑞金市还根据当地因病致贫、因病返贫问题比较突出的现状（当地因病致贫占到扶贫总户数的56.7%），加大针对精准扶贫人员的医疗救助力度，制定《瑞金市精准扶贫对象基本医疗补充保险实施方案（试行）》。具体内容如下。①参保对象：列入全市精准扶贫对象名册人员，目前共计78914人。②补偿条件：参保对象在享受新农合基本医疗保险及大病医疗救助保险后，补偿比例不足90%。③补偿程序：参保对象医疗费用先由新农合基本医疗保险进行补偿；其中符合新农合大病保险补偿的，在新农合大病保险基金中先行补偿；涉及第三方赔付的，由第三方先行赔付；补偿对象最后剩余金额进入精准扶贫医疗补充保险补偿。④补偿比例及标准：金额在3万元以下的，扣除参保对象自付总医药费10%后全额支付；金额在3万元（含）以上的，扣除参保对象自付总医药费10%后按70%支付，每人每年最高补偿限额10万元，余额部分由民政部门大病救助及新农合二次补偿。⑤保险基金筹集：由江西省投资集团公司按照每年50元/人的标准筹集；瑞金市财政按照每年10元/人的标准拨付，作为基金的补充配套资金。保险基金账户资金不足时，由当地财政及时补足，若当年赔偿后有结余资金则结转下一年。这个方案的设想比较好，通过联合政府部门和社会力量，为扶贫对象建立起一个多层次的医疗保障体系。根据测算，经过新农合、大病救助和补充医疗等多层次报销以后，通常个人只需负担总医药费的10%左右，切实减轻了贫困人口的医疗费用负担。

二　各地人力资源社会保障扶贫措施以及实施成效

党的十八大以来，我国农村贫困人口大幅减少，贫困地区农村居民收入加快增长，打赢脱贫攻坚战已经取得了显著的阶段性成效。根据国家统计局网站发布的数据，全国农村贫困人口从2012年末的9899万人减少至3046万人，累计减少6853万人；贫困发生率从2012年末的10.2%下降至3.1%，累计下降7.1个百分点。全国农村贫困监测调查显示，2017年贫困地区农村居民人均可支配收入9377元，按可比口径计算，比上年度增加894元，名义增长10.5%，扣除价格因素，实际增长9.1%，实际增速比全国农村平均水平高1.8个百分点。其中，贫困地区农村居民分项收入增速全面快于全国农村居民，特别是2017年贫困地区农村居民人均工资性收入3210元，比上年度增长11.8%，增速比全国农村平均水平高2.3个百分点。[①] 根据上面数据，分析得出以下结论：一是工资性收入已经成为贫困人口收入来

---

① 数据来源：http://news.xmnn.cn/xmnn/2018/02/01/100316391.shtml。

源的重要组成部分，贫困地区农村居民人均工资性收入（3210 元）占到人均可支配收入（9377 元）的 34.23%。二是贫困人口的工资性收入增长较快，增速高于全国农村平均水平，为带动贫困人口增收脱贫发挥重要作用。三是基于前两点结论，说明贫困地区人社部门开展的技能扶贫、就业扶贫等项行动在提升贫困人口就业技能、帮扶贫困人口就业创业等方面取得了显著的成效。综合各地调研情况，笔者将贫困地区人社部门采取的扶贫措施总结如下。

（一）通过实施技能扶贫行动，提升贫困劳动力就业创业能力

2015 年 2 月 13 日，习近平总书记在陕甘宁革命老区脱贫致富座谈会上指出"加强贫困人口职业技能培训，授之以渔，使他们都能掌握一项就业本领"。各地贯彻落实习近平总书记"扶贫先扶智"的重要指示精神，针对贫困人口文化程度低、技能水平差的现状，广泛开展技能扶贫专项行动，旨在培育贫困人口的自我发展能力。比如，云南省印发了《技能扶贫专项行动方案》，重点组织贫困地区农村新成长劳动力和转移就业劳动者开展就业技能培训，要求到 2020 年按照"一户一人、一人一技、一技促脱贫"的要求，对每个有劳动能力的适龄贫困人口开展一次以上技能培训，让每个有适龄劳动人口的贫困家庭至少有一名技能劳动者就业。全省划定了独龙江乡等 10 个县区开展技能扶贫试点，并为每个试点县区安排划拨了 100 万元技能扶贫专项资金。目前，各试点县区技能扶贫专项培训都已陆续开展，一些地方开展培训工作成效明显。比如，临沧市 2015 年组织 3.29 万人参加职业技能培训，其中农村转移就业培训 19125 人，岗位技能提升培训 966 人，创业培训 1364 人。

江西省赣州市通过实施"雨露计划""金蓝领工程"等免费技能培训，以企业用工需求为导向，积极推行"企业订单、培训机构列

单、贫困群众选单、政府买单"的技能培训模式，着力提高贫困劳动力的就业技能。2011 年以来，全市免费培训农村转移就业劳动力31.7 万人，其中园区企业定向培训 23.2 万人，家庭服务、宾馆旅游服务、美容化妆、电子商务等职业技能培训 8.5 万人，培训合格率98% 以上。此外，全市举办创业培训班 1745 期，培训各类创业人员5.1 万人，培训后自主创业成功率达到 73%，推动创业带动就业达到13.8 万人。

甘肃省委、省政府根据省情域况，制订了"1 + 17"专项精准扶贫方案。其中，由人社部门牵头起草《劳动力培训支持计划的实施方案》，要求 2015~2020 年针对全省 417 万贫困人口，围绕市场需求和劳动者意愿实施精准培训，累计培训建档立卡贫困家庭中有培训需求的劳动力 211.2 万人次，新增技能劳动者 120 万人，实现贫困家庭中有培训需求的劳动力职业技能培训全覆盖，使每个贫困家庭有培训需求的劳动力至少有 1 人拿到职业资格证书。仅在 2015 年，全省完成精准扶贫劳动力培训 47.3 万人，其中建档立卡户 31.59 万人。

（二）通过实施就业扶贫行动，促进贫困劳动力实现就业创业

习近平总书记要求各地通过深入调查研究，尽快搞清楚现有贫困人口中，哪些是有劳动能力、可以通过生产扶持和就业帮助实现脱贫的，对这些贫困人口加大就业帮扶力度，扩大转移就业培训和就业对接服务，使他们通过外出务工实现稳定脱贫。各地在对贫困人口精准识别的基础上，通过实施积极就业政策，优化公共就业服务，在精准施策上出实招，在精准推进上下实功，在精准落地上见实效，助推大批贫困劳动力实现就业创业，帮扶他们通过劳务创收，实现稳定脱贫。

一是认真开展贫困户就业情况调查，做到底数清、情况明。就业

扶贫工作的首要前提是要解决好"扶持谁"的问题,各地严格遵循"精准识别、精准施策"的要求,确保把具有劳动能力的贫困人口信息弄清楚,做到明确靶向、因人施策。比如,江西省赣州市在对贫困人口精准识别的基础上,由乡政府组织开展调查摸底,掌握贫困家庭劳动力数量、分布等情况,收集贫困劳动力就业状况、培训需求及就业意向等信息,建立贫困人口就业信息台账,并且安排专人定期更新、动态管理,做到对需要转移的贫困劳动力的情况一清二楚。同时,依托全省公共就业信息联网系统以及基层劳动保障服务平台,根据贫困劳动力的技能水平和就业需求,有针对性地制定就业帮扶措施。

二是组织实施劳务输出,打造劳务输出品牌。各地大力推行"职业培训、就业服务、权益维护"三位一体工作模式,依靠对口支援、东西扶贫协作、省际协作、省内对接等工作机制,推动劳动力资源丰富的贫困地区与经济发达地区建立劳务协作,帮助贫困劳动力从农村转移到城市,从第一产业转移到第二、三产业。比如,甘肃省通过开展劳务品牌培训、拓展劳务基地、建设劳务信息数据库等多项措施,有效输转城乡富余劳动力,为贫困地区农民增收脱贫起到重要作用。据统计,2015年全省输转农村富余劳动力478.6万人,创造农村劳务收入807.6亿元,农民人均劳务收入5468元,占农民人均可支配收入6936元的78.8%。贵州省发挥区域就业岗位和劳动力资源互补优势,不断加强区域间劳动力市场信息沟通,通过开展结对子、建基地、签订定向培训协议和定点招工协议等多种形式加强劳务协作,有效促进了贫困地区的劳务经济发展。在对贫困劳动力进行摸底调查的基础上,精准掌握其基本情况,努力拓宽就业渠道,以长江经济带区域协同发展、东西部劳务协作和对口帮扶为契机,依托省外商会组织、劳务中介机构、培训机构等平台,发挥公益性劳务输出公司的作用，开展与省外、省内经济发达地区的跨区域劳务协作，提高贫困劳动力输出的组织化程度。对贫困劳动力与用人单位达成就业意向的，积极做好岗前培训、入职指导、权益维护等跟踪服务。

三是推进创业担保贷款，扶持返乡创业带动就业。通过外出务工的成功人士返乡投资，发展环境污染小、投资回报明显、劳动力密集的轻手工业，集中留守在农村的妇女与有能力劳动的老人参与生产，可以帮助贫困家庭尽早脱贫。为此，各地积极推进创业担保贷款，扶持农民工等群体返乡创业。比如，重庆市为鼓励返乡农民工创业带动扶贫，出台多项创业优惠政策，并在外出务工人员较多的乡镇设立返乡创业园、创业孵化基地等创业平台。此外，推行创业担保贷款"一站式"绿色通道服务，向返乡农民工等群体提供项目开发、项目推介、创业培训、创业指导、税费减免、跟踪服务的"一条龙"服务。据统计，重庆市 2015 年发放创业担保贷款 30.3 亿元，扶持 2.8 万人自主创业，带动 14 万人实现就业。云南省积极扶持农民工返乡创业，采取综合措施激发新生代农民工创业活力。比如，在"贷免扶补"、创业担保贷款和"两个 10 万元"微型企业培育工程扶持农民工创业的基础上，联合金融机构将农村合作社的参与人纳入创业担保贷款政策扶持范围，拓宽农民工获取创业贷款扶持的渠道。深入实施"创业园区建设计划"，鼓励各州、市充分利用闲置土地、厂房开展"双创"平台建设，为农民工创业提供场地支持、创业指导等服务。对贫困地区符合条件的个人创业担保贷款优先扶持，并按规定给予三年期财政全额贴息；支持贫困人口依托当地特色产业，通过成立种植、养殖等农业合作社，以"合作社 + 贫困户"的模式开展创业脱贫。2016 年，全省返乡农民工创业人数 77210 人，占当年扶持创业人数的 50.75%；通过"贷免扶补"、创业担保贷款政策共扶持 61292 户返乡农民工自主创业；组织返乡农民工参加创业培训 30743 次；通过扶持农民工创业创办经营实体 35621 个，创造就业岗位 99349 个。

四是通过实施就业援助，帮助就业困难人员实现就业。除了具有就业意愿和就业能力的普通劳动力以外，各地还有一些丧失劳动能力人员（如残疾人）和就业困难人员，而这些人员因为生存能力较弱，贫困程度较深，是最需要关心的群体之一，也是扶贫攻坚的重点和难点所在。根据这部分群体的特殊情况，各地践行"精准施策"的理念，采取有针对性的就业援助行动，帮助他们就地就近就业。比如，云南省临沧市针对无法输送到企业就业的贫困劳动力，2015 年开发了 2058 个公益性岗位，用于安置这些人员就业。江西省龙南县为吸纳贫困人口就业，创办了就业扶贫福利厂、乡镇扶贫车间和村社代工点。就业扶贫福利厂不以营利为目的，而是专门扶持贫困人口和残疾人就业脱贫的公益性企业，目前已吸纳 254 名贫困人口就业，其中"4050"人员 203 人，残疾人 33 人。重庆市 2015 年发文将公益性岗位补贴由城镇就业困难人员扩展到农村建档立卡贫困户。各区县都加大了公益性岗位开发力度，对通过市场渠道无法实现就业的贫困人员进行过渡性安置，确保每个贫困家庭至少有一人就业。以秀山县为例，2014 年以来开发农村公益性岗位 1900 余个，为全县 268 个村居落实 105 名社保协管员，并为 85 个贫困村安排 550 个农村环境治理、孤寡老人和留守儿童看护等岗位。这些岗位主要用于安置贫困劳动力，给予 5000 元/人·年的岗位补贴，开辟了公益性岗位优先保障贫困对象就业的新路。

（三）通过加大社会保险帮扶力度，贫困群众福祉得到明显改善

近年来，国家在推进新农保和城居保的过程中，坚持扶贫帮困，

始终把贫困地区和弱势群体作为政策倾斜的着力点。在政策设计上，对于重度残疾人等缴费困难群体，由政府为其代缴部分或全部最低标准的养老保险费。在试点部署上，着重将惠民政策优先普及最需要帮助的老少边穷地区，2010年7月起先后对西藏全区和云南、四川、青海、甘肃等四省藏区县，新疆所属边境县、贫困县及南疆三地州进行重点扩面。在制度推进中，按照只叠加、不扣减、不冲销并兼顾现行政策的原则，做好与低保、五保和优抚政策的有效衔接，确保现有待遇水平不降低。

根据调研情况，贫困地区积极发挥社会保障政策的兜底脱贫作用，完善社会保险扶贫政策，全面实施全民参保计划，资助农村低保、特困人员等困难群体参加社会保险，努力推进贫困人员应保尽保和法定人员全覆盖。根据人社部统计数据，截至2017年末，全国60岁以上享受城乡居民养老保险待遇的贫困老年居民超过1681万人，其中建档立卡未标注脱贫的贫困人口1088万人，低保对象约770万人，特困人员约208万人。另一方面，逐步提高社会保险待遇水平，助力参保贫困人员精准脱贫。特别是在健康扶贫方面，不少地区搭建起了基本医保、大病保险和医疗救助等多层次叠加的医疗保障体系，通过降低起付线、提高报销比例和封顶线等倾斜性政策，提高对贫困人员的医疗保险补偿标准，减轻贫困人员医疗费用负担。

比如，湖南省推出"扶贫特惠保"贫困家庭综合保障保险，个人只需缴纳6元钱，由乡镇政府给予不超过90%的保费补贴，贫困人员发生大病住院费用后，可以通过商业保险额外获得数千元医药费用补偿。在湖南省调研时，笔者与某贫困人员进行深度访谈，了解到她家中因病致贫，生活困难。她的丈夫因患肝癌刚刚去世，丈夫治疗期间发生住院费用共计5.8万元，欠下不少外债；儿子新读大一，生活费和学杂费仅仅依靠她微薄的务农收入来支撑。她在求助当地医保中心后，医保中心立即派遣专人进行实地走访，并及时采取帮扶措施：第一步，启动绿色通道，将医保统筹基金应该补偿的3.8万元迅速发放到位；第二步，进入大病保险补偿0.5万元；第三步，积极与商业保险公司衔接，给予"扶贫特惠保"补偿款3855.19元；第四步，根据相关文件，又给予健康扶贫重度贫困家庭人口医疗补助，对合规自负医疗费用补偿4047.95元。通过四个层次叠加的医疗保障体系，最终她收到各类医保补偿款共计5.1万元，实际自付0.7万元，自付比例仅有12%，切实减轻了这位贫困人员的医疗费负担，医保扶贫在关键时刻起到了雪中送炭的作用。

江西省赣州市着力构建社会保障安全网，加大对贫困人口的社会保险帮扶力度。一是社会保险覆盖范围不断扩大，基本养老保险初步实现了"城镇保险"向"城乡统筹"的转变，基本医疗保险初步实现了"制度覆盖"向"人群覆盖"的转变。二是减轻特殊困难贫困户的缴费压力，为农村重度残疾人、特殊困难户等贫困户代缴最低缴费档次100元的参保费用。三是提高社会保险待遇。城乡居民养老保险基础养老金标准由2012年的人均每月55元提高到2015年的人均每月80元；城乡居民医疗保险的补偿标准不断提高，最高支付额度达到21万元。

云南省香格里拉市为推进贫困人口参保工作，市委、市政府制定出台了《关于对精准扶贫对象参加城乡居民养老保险扶持政策措施》，为全市精准扶贫对象提供政策性兜底保障。对已确定参加城乡居民养老保险的精准扶贫对象自2016年起由市政府按每人每年200元档次的标准代缴保费。对2010年1月至2016年间，年满60岁的人员因其贫困没有缴纳保费而无法享受城乡居保待遇的贫困人员，由市政府按每人每年100元代其补缴以前年度的养老保险费用，使其能享受养老待遇。在医疗保险方面，全市实现新型农村合作医疗的全面覆盖，有效减轻了贫困农民的医疗负担。一是提高补偿标准，门诊报销比例从2003年的30%提高到2015年的50%；住院报销比例从35%~40%提高到乡级90%、县级80%、州级70%、省级50%；住院补偿封顶线从2000元提高到15万元。二是扩大农村重大疾病范围，将22种重大疾病纳入新农合补偿范围，在限价范围内费用按70%比例予以报销。三是简化医药费报销程序。参合患者到市域内所有医疗机构就诊，产生费用实行现场报销，切实减轻了贫困患者垫资压力。四是从2014年起开始实施新农合大病补充保险，2015年符合大病保险576人次，补偿金额达到283.75万元。

　　针对贫困人口看病难、看病贵等问题，甘肃省政府出台了精准扶贫优惠政策，并制定了《精准卫生扶贫支持计划的实施方案》。一是完成新型农村合作医疗省级平台与精准扶贫大数据平台对接，实现贫困人口基础信息数据库互联互通。二是从2015年起，贫困人口新农合住院费用报销比例提高5个百分点，覆盖符合优惠条件的全部住院患者，包括普通住院、分级诊疗和重大疾病等各种住院补偿类型。三是从2016年起，贫困人口大病保险起付线由5000元降至3000元，使贫困人口大病保险报销比例提高三个百分点。四是各级新农合管理经办机构、定点医疗机构将精准扶贫优惠政策纳入即时结报范围，依托新农合"一卡通"向贫困参合患者提供即时结报和"先看病后付费"服务。五是省卫计委、医改办、民政厅联合出台《关于进一步做好重大疾病相关保障政策衔接工作的通知》，要求新农合、大病保险和医疗救助等经办机构加强联系，做好各项保障政策的沟通衔接，严格落实保障政策的叠加顺序。在充分发挥各项保障政策叠加效应、提高贫困人口受益水平的同时，确保各项保障措施叠加后的总补偿金额不超过患者住院总费用。

（四） 通过实施招才引智政策，加强对贫困地区的人才智力支持

各地通过实施招才引智政策，为扶贫开发工作提供强大的人才智力支持。江西省赣州市加大人才引进力度，积极搭建高层次人才培养平台，不断增加高层次人才总量。为创新人才培养机制、评价和使用机制、激励保障机制、吸引和留住人才机制，赣州市先后出台《关于大力引进高层次人才的若干意见》《引进人才"一站式"服务实施办法》等一系列人才政策。另一方面，国家重大人才工程和智力项目也对赣州市予以倾斜，入选国务院、省政府特殊津贴专家和"百千万人才工程"名额逐年增加。2011 年以来，全市新增加享受国务院特殊津贴专家 5 人、省政府特殊津贴专家 6 人、省级百千万人才工程人选 13 人。此外，赣州还成功举办了稀土资源开发、脐橙种植与保鲜技术、钨资源高效开发与利用等 6 期国家级专业技术人才知识更新工程高级研修班。

云南省结合实际情况，制定下发了《云南省人才扶贫行动计划》，旨在坚持需求导向，围绕贫困地区产业发展，组织人才培养、人才引进和智力服务，通过人力资源开发扶持产业发展，通过人才聚集促进产业转型升级，提升自我发展能力。该省计划从 2015 年起，用 5 年左右时间，通过实施"扶持一批致富带头人、培养一批农村基层人才、引培一批急需紧缺人才、转化一批科研成果"等人才工作项目，努力实现贫困地区人才总量大幅增长，人才质量稳步提高，人才结构趋于合理，机制灵活、环境宽松的人才发展机制基本建立，使人才成为脱贫致富的"助推器"，人才发展基本满足贫困地区经济社会发展需求。

甘肃省定西市在推进精准扶贫过程中，高度重视专业技术人才和

农村实用人才的培养和开发。一方面，深入实施人才优先发展战略，围绕创新人才挖掘、培养、引进、使用、管理、服务六大机制，制定并出台了《定西市专业技术人才支撑体系建设专项人才开发配置计划实施细则》《关于进一步加强高技能人才队伍建设的意见》和《定西市推荐高中级专业技术职务任职资格单位定量计分办法》。同时，还制定了《定西市华夏文明传承创新区文化人才队伍建设工作计划》《关于人才支撑中医药、马铃薯转型升级和食草畜牧业发展壮大的实施方案》等多领域人才队伍建设方案，"人才红利"进一步得到释放，各类人才创新创造的活力不断凸显。另一方面，深度开发农村实用人才，扶持了一批农村种植、养殖能手，培养了一批民营科技企业和产业化带头人，带动农村产业升级转型发展。截至调研时，全市评定农村实用技术人才副高级职称 7 人、中级职称 143 人、初级职称 1341 人。

（五）通过加强公共服务平台建设，提升基层公共服务能力

尽管贫困地区受限于资金不足、编制不够、信息化建设缓慢等各方面的因素，公共服务体系建设进度稍落后于全国平均水平，但是各地仍积极申请各类服务设施建设项目，加强基层平台建设和信息化建设，努力提升公共服务能力。通过近年来的努力，湖南省汝城县构建起了县、乡、村三级人力资源社会保障公共服务网络，基本实现了人员、场地、经费、机构、制度、工作"六到位"。目前，全县建成 19 个乡镇劳动保障站、4 个社区劳动保障服务中心和 1 个园区劳动保障服务站，配备基层劳动保障专干 28 名、村级就业信息员 309 人。同时，每年投入约 40 多万元经费，对基层服务设施进行改造和完善，使基层公共服务更加便捷高效。

云南省针对人力资源社会保障公共服务领域的关键部位和薄弱环

节，倾斜支持边境、少数民族、贫困地区基层就业和社会保障公共服务设施项目建设。"十二五"期间，在连片地区的每个县和所有乡镇实施基层就业和社会保障公共服务平台工程项目，在每个州、市实施人力资源市场项目和社会保障中心建设项目。2010年以来，全省104个县、459个乡（镇）争取到国家和省级安排的基层公共服务平台建设项目，总投资87717万元。其中，贫困县项目实施79个，占全省93个贫困县的85%。同时，还在连片地区实施人力资源社会保障信息化系统建设（金保二期工程），并在所有村（社区）设立就业和社会保障工作站和协管员。这些工程项目的实施有效地改善了贫困地区基层服务设施"小、散、无、旧"的现状，大幅提升了贫困地区基层公共服务能力。

甘肃省针对贫困群体的不同特征、不同需求，精准提供人力资源社会保障公共服务。笔者通过与贫困群众的座谈、访谈中了解到，许多农牧民居住在半山顶上，车辆无法正常通行，当地人社局抽调精干力量组成小分队，徒步前行，翻山越岭，或者骑着马匹，长途跋涉，分头深入农牧民家中，开展贫困人口摸底排查工作，做到村不漏户、户不漏人，为贫困人口精准参保和待遇支付奠定基础。有的农牧民常年从事牛羊放牧，没有相对固定的居住点，当地人社局设立固定或流动办公点方便群众参保，现场采集和填写有关信息资料，确保参保缴费、待遇领取、住院报销、权益查询、资格认证等"五个不出村"。有的贫困人员文化程度低，对参保缴费认识不够，不愿参保、不会参保，基层工作人员多次走进他们家中，采用通俗易懂的语言，跟他们面对面、心贴心讲解政策，对比算账，打消群众参保顾虑。有的贫困人员常年在外打工，不能及时缴纳社会保险费，基层工作人员通过打电话、发短信等方式，与他们取得联系，教会他们安装APP手机客户端，并学会使用手机缴费，既方便了他们及时缴费，也方便了他们查询政府代缴或个人缴费情况。

三　人力资源社会保障精准扶贫面临的困难以及问题

根据调研情况，虽然各地人社部门的扶贫工作取得了一定成效，但是人社扶贫政策及措施在具体落实过程中，仍然遇到不少困难和问题。总体来看，人社部门推行扶贫政策及措施的惠及面和实施效果有待进一步加强。在政策惠及广度方面，58%的调查对象表示没有享受过当地政府在就业创业、技能培训、社会保障等方面推行的扶贫政策及服务，这说明人社扶贫政策的覆盖率不高，亟须进一步扩展政策惠及面，使更多的贫困人口享受到人社精准扶贫政策。在政策实施效果方面，三分之一的调查对象认为当地政府开展的人社扶贫措施对贫困人口的帮助一般或者不明显，说明政府在扶贫政策实施效果方面还有进一步提升的空间。下面，本章分别从技能培训、就业创业、社会保障、人事人才、基层公共服务等方面，全面论述人力资源社会保障精准扶贫面临的主要困难和问题。

（一）技能扶贫面临的困难以及问题

1. 贫困地区存在技能人才总量不足、结构不合理等问题

根据调研情况，贫困地区普遍存在技能人才总量不足、结构不合理的突出问题，技能扶贫任务比较艰巨。云南省临沧市地处边疆，交通不便，民族众多，劳动者素质整体偏低，全市持有职业资格证书的技能劳动者仅占城镇从业人员的29%，低于全省31%的平均水平，而且其中又以初级技能人才为主，中高级技能人才占比偏低。甘肃省陇西县劳动力文化程度整体不高，技能水平偏低。全县大专以上学历

的劳动力不足 1.74%，高中文化程度占 7.42%，初中文化程度占 42.38%，小学及以下文化程度占 48.46%。受过中高级技能培训的外出劳动力仅占 0.05%，受过初级技能培训的外出劳动力占 78%，未受过任何技能培训的外出劳动力占 21.95%。湖南省汝城县农村劳动力总体素质偏低，初中以下文化程度的劳动力占 61%，而且这些劳动力 70% 以上没有接受专业技能培训，由于文化素质低，又不具备专业技能，因此把"体能型"变成"技能型"人力资源的技能扶贫任务比较艰巨。

2. 贫困人口培训意愿不强，培训针对性和实效性不强

一是劳动力分散导致地方政府组织培训困难。由于青壮年劳动力大量外流，农村"空心化"、老龄化现象严重，留守在家的基本上是老、弱、病、残、幼等群体，而适合培训的农村青壮年大多外出务工，地方政府组织培训生源比较困难。二是贫困人口普遍缺乏培训意愿。问卷调查显示，愿意参加培训的调查对象仅占32%，而在不愿意参加培训的调查对象中，主要原因首先是他们觉得培训课程不实用，其次是认为培训时间过长和培训期间缺乏经济收入。各地摸底情况也能说明这个问题，如云南省建档立卡贫困劳动力 272.39 万人中有培训意愿的仅占 33.2%；贵州省贫困劳动力 213.99 万人中有培训意愿的 29.67 万人，仅占 13.87%。通过访谈了解到，贫困群众认为人社部门组织的技能培训时间一般在 15 天以上，培训周期较长，而且期间缺乏经济收入，所以不愿意参加政府部门组织的培训，即使参加后也不能坚持完成培训所要求的课时。如果遇到农忙季节，部分群众认为参加集中培训会影响农活和家务劳动。还有一些群众觉得政府发放生活补贴标准（每天 20～50 元/人）偏低，他们不愿意参加培训，这些都在一定程度上影响了培训工作的顺利开展。三是技能培训存在供求脱节问题，培训针对性和实效性不强。问卷调查显示，参加过当地政府组织的职业技能培训的贫困人口仅占34％，而且接受培训后成功找到工作的人员比例不高。究其原因：一方面是受培训场地、设施、设备、师资等条件限制，目前贫困县只能开展一些简单实用的技能培训，造成技能培训层次低，培训项目单一，难以完全满足贫困群众的培训需求；另一方面，培训专业多以种植、养殖等农业生产技术为主，而建筑、驾驶、挖掘机等专业开展培训有限，一些用工市场急需的专业又不具备能力开展培训，导致培训专业设置与用工市场需求之间难以接轨。

3. 培训经费投入不足，补贴标准低，影响技能培训正常开展

通过向贫困人口提供劳动力转移培训和技能提升培训，能够有效地促进他们向非农产业转移和增加收入，对脱贫致富具有深远的影响效果。但在调研中，笔者发现存在以下问题：一是部分地区对人力资源开发尚未引起足够的重视，仅安排少量资金用于职业技能培训。随着物价水平、培训成本的不断攀升，政府供给的培训资源与实际需求之间存在较大缺口，培训经费投入不足、补贴标准低成为制约贫困地区开展技能提升扶贫工作的"瓶颈"。二是贫困人口文化程度低、技能水平差，培训开展难度大，培训时间长，意味着需要花费更多的人力、物力和财力，但是现行职业培训补贴标准偏低，导致培训机构对承接贫困劳动力培训任务的积极性普遍不高。一些地方反映要保证相应的课时量、师资配备、教学实训、设施配备，现行培训补贴显得不足。一些培训机构甚至为了节约培训成本，未按课程课时办班，办班质量有打折扣的现象，以致培训达不到预期效果。

4. 培训投入存在"碎片化"现象，管用分治、渠道分散、对象分散、使用分散

如表5-2所示，当前在农村层面，人社、教育、农业、扶贫、科技等部门都在开展实用技术培训和职业技能培训，这些培训确实对农村劳动力转移起到了积极的推动作用。但是根据调研情况，培训资金投入渠道多而杂，分属农业、人社、扶贫等多个部门，其结果是各部门间培训专业设置雷同，培训场地及设备重复建设严重；培训课程偏重理论，实操性不够；存在重复培训和无效培训等问题。尽管一些地方推行"资源整合、资金捆绑"的模式，一定程度上缓解了资金投入分散、培训资金不足的问题，但是由于各部门间条块分割，各自规划，培训侧重点和培训目标不同，培训资源、补贴标准、培训时间以及培训补贴支出渠道等方面的规定和要求不同，且资金定向定期使用，导致行业部门间的培训资金难以整合使用，培训资源未能实现共享互补。

表 5-2　各行业部门培训计划总括

项目名称	培训对象 培训内容	管理分工	补助标准 经费来源	拨付方式	培训机构
农村劳动力转移培训阳光工程	由国家设立的对农村劳动力转移就业开展短期非农职业技能培训和引导性培训的专项资金。 在开展职业技能培训的同时，辅助开展基本权益保护、法律知识、城市生活基本常识、寻找就业岗位等引导性培训和宣传	全国阳光工程办公室	培训补助资金由地方财政和中央财政共同承担，以地方财政为主。中央财政根据全国农村劳动力转移培训阳光工程办公室确定的各省（含新疆生产建设兵团、中央直属垦区）示范性培训任务，平均每期每人按不低于100元的标准给予补助，重点用于农村劳动力输出大省、产粮大省、革命老区、贫困地区。各省具体的补助标准，由各省根据不同的培训内容、培训时间、工种等自行确定	中央财政对地方的补助资金，由财政部门直接拨付到省级财政，再由省级财政结合省本级安排的资金逐级下拨，补贴给受训农民或培训机构，培训资金不切块给各部门使用	培训机构须经公开招标确定或经当地农村劳动力转移培训阳光工程办公室评审确认；收费标准须经公开招标确定或经当地财政、物价部门核定，并报当地农村劳动力转移培训阳光工程办公室备案

项目名称	培训对象 培训内容	管理分工	补助标准 经费来源	拨付方式	培训机构
农民工职业技能提升计划——"春潮行动"	行动实施的重点对象是农村新成长劳动力，包括就业技能培训、岗位技能提升培训、高技能人才培训和创业培训等方面	人力资源社会保障部	劳动预备制培训：对符合条件的，按规定给予职业培训补贴、职业技能鉴定补贴和生活费补贴 岗位技能提升培训：对符合条件的，按规定给予企业一定比例的职业培训补贴和职业技能鉴定补贴 高技能人才培训：对符合条件的，按规定给予技师培训补贴 创业培训：对符合条件的，按规定给予创业培训补贴		选择现有技工院校、职业院校、企业培训机构、就业训练中心、民办职业培训机构等教育培训机构，择优确定承担政府补贴性职业培训任务的定点培训机构
农村劳动力转移培训计划	对拟向非农产业和城镇转移的农村劳动力开展引导性培训和职业技能培训；对已进入非农产业就业的农民工开展岗位培训	教育部	多渠道筹集农村劳动力转移培训经费，实行政府、用人单位和农民工个人共同分担的经费筹措机制。加强与扶贫部门协调，在中央和地方扶贫资金中，安排一定经费，用于贫困家庭学员的转移培训		职业教育和成人教育学校
雨露计划	子女接受中等职业教育（含普通中专、成人中专、职业高中、技工院校等）、高等职业教育的农村建档立卡贫困家庭	国务院扶贫办	按每生每年3000元左右的标准补助建档立卡贫困家庭	由县、区财政局采取一卡通（一折通）方式直接发放到贫困农户	职业教育机构
技能培训促就业行动	以农民工、就业困难人员和困难职工家庭高校毕业生为主的职业技能培训和创业培训	全国总工会	经费来源：中央财政帮扶资金、地方财政补贴、工会经费及社会捐助		

项目名称	培训对象 培训内容	管理分工	补助标准 经费来源	拨付方式	培训机构
跨世纪青年农民工科技培训工程	年龄在 40 岁以下，具有初中以上文化水平，从事农业生产、经营、服务两年以上，有一定生产经营管理水平的优秀青年农民	农业部、团中央	以中央财政专项经费和各级财政配套经费为主，省、市、县按照中央财政投入经费 1∶1∶0.5∶0.5 的比例配套培训经费。各级财政部门可根据实际需要安排一定的项目管理经费		

5. 贫困地区开展技能培训的保障力度亟须加强

根据调研情况，贫困地区人才基地、职业培训学校、技工学校、技能大师工作室等基础平台设施薄弱，建设经费投入不足，很大程度上限制了人才培训层次和培训能力的提升。特别是贫困县培训设施、设备、师资等培训条件不够充裕和完善，目前能够开设的培训专业有限，主要还是开展初级技能培训，开展中高级技能培训不具备相应条件，不能全面满足职业培训的多样化需求。

（二） 就业创业扶贫面临的困难以及问题

1. 农村贫困劳动力的转移就业压力较大

根据人社部印发的《关于在打赢脱贫攻坚战中做好人力资源社会保障扶贫工作的意见》《关于切实做好就业扶贫工作的指导意见》等文件，到 2020 年要通过转移就业带动 1000 万贫困人口脱贫，可谓时间紧、任务重、压力大。主要表现在以下方面。

（1）"十三五"期间劳动力供需矛盾依然突出，这给贫困劳动力的转移就业工作带来较大难度。从劳动力供给角度看，根据预测，16岁到 59 岁的劳动年龄人口仍然保持在 8.9 亿人以上，需要在城镇就业的劳动人口年均在 2500 万人左右，其中新成长劳动力 1500 万人，劳动力供给一直保持在高位。[1] 从劳动力需求角度看，随着我国经济增速换挡、结构调整加快、新旧产能转换，特别是化解产能过剩、淘汰僵尸企业，不可避免会减少一些工作岗位。在总量压力依然很大、岗位需求可能减少的情况下，农村贫困劳动力外出转移就业难度加大。

（2）贫困地区经济规模较小，普遍面临着县域经济发展缓慢、农村城镇化建设落后等问题，二、三产业发展基础薄弱，拉动就业能力不足，无法提供足够的就业岗位，导致吸纳农村贫困劳动力就地就近就业容量有限。比如，云南省昭通市反映当地产业发展滞后，就地就近转移贫困劳动力比较困难。该市产业发展弱小的短板在短期内难以补齐，传统的烟草、煤炭等行业受国家产业政策调整冲击较大，尤其是劳动密集型的煤炭行业更为严重，大量煤炭工人出现结构性失业，传统产业的就业吸纳能力减弱，难以开发新的就业岗位。同时，在收入减少的情况下，消费者压缩消费支出，进而影响全市服务业发展，依靠服务等产业解决贫困劳动力就地转移就业量也不是很大。

（3）部分贫困人口的思想观念比较陈旧。尽管地方政府在宣传号召方面做了大量工作，但是在短期内很难使这些人员的就业观念进行转变。一些人对政府和集体抱有"等、靠、要"的思想，"不以贫为耻、反以贫为荣"的观念仍然存在。还有一些人因为生活习惯、语言交流、民族差异等因素，对外出就业存在诸多顾虑。在调研中，不少地方反映因为生活习惯、语言交流等方面的差异，向发达地区输出就业的贫困人口，没过几天就出现大批折返回家的现象。各方面的因素导致一些贫困群众的就业创业意愿不高，正如贵州省 2017 年年初的摸底情况显示，全省贫困劳动力中有就业意愿的仅占 23.04%，有创

---

[1]　邱小平：《积极促进农村贫困人口转移就业》，《行政管理改革》2016 年第 7 期。

业意愿的仅占 8%，有输出意愿的仅占 10.26%。

2. 创业担保贷款政策在实践中存在一些问题，亟须进一步完善

从调研地区来看，创业担保贷款政策在促进创业、带动就业方面的社会效益越来越明显。比如，重庆市 2015 年发放创业担保贷款 30.3 亿元，扶持了 2.8 万人自主创业，带动了 14 万人实现就业。尽管如此，综合调研地区政府和企业反映的情况，创业担保贷款政策在实践中仍然存在以下问题，亟须引起重视：第一，创业担保贷款政策对劳动密集型小微企业的惠及面不够。小微企业在吸纳贫困人员就业、帮扶贫困人员产业脱贫等方面发挥了积极的作用，然而缺资金、融资难、融资贵是这类企业目前遇到的主要困难。由于创业担保贷款的门槛条件较高，如要求提供可抵押资产、保证金等，小微企业一般很难提供担保抵押因而较少享受到该政策。第二，因受到生活圈子的影响，贫困人员存在找项目难、找工资担保人难、找房产抵押难等"硬伤"，很难享受创业担保贷款政策。特别是创业担保贷款个体额度较小，无法有效满足贷款者创业融资需求，加之贷款五年商贷记录规定的影响，将大部分有资金需求的贫困人员拒之门外。第三，大多数贫困县因为地方财政困难，资金配套难以到位，导致创业担保贷款资金不足。比如，湖南省宜章县 2015 年创业担保贷款仅发放到 402 人，与贷款需求总量相比远远不够，无法满足"应贷尽贷"的实际需求。

3. 就业资金投入不足，影响就业扶贫工作正常开展

连片特困地区长期经济发展落后，贫困人口基数大，实施就业扶贫对资金需求量很大，但是目前中央和省级财政拨付到贫困市、县层面的就业补助资金仍不够用。云南省作为我国脱贫攻坚的主战场，贫困人口多，贫困程度深，就业扶贫资金需求量大，但是全省每年仅有四五亿元的中央财政就业补助资金，与国内其他省市存在较大差距，难以满足省内就业扶贫工作的实际需要。还有，贵州省连片特困地区的就业扶贫任务艰巨，需要投入大量就业资金给予保障。根据相关部门测算，"十三五"期间，贵州省平均每年就业资金需求达到 38 亿元以上，其中约有 19 亿元用于扶贫工作，目前全省每年就业资金收支缺口达到 18 亿元，即使省级财政、人社部门向连片地区实施倾斜，贫困地区由于县级财政紧张，配套的就业和培训资金较少，就业资金仍然存在较大缺口。由于市、县两级财政都比较困难，没有能力投入足够资金用于扶持贫困劳动力就业创业，而且上级就业补助资金也没有针对扶持贫困人口就业创业的支出项目，导致很多就业帮扶措施无法落实到位。

另外，一些地区在就业资金支出结构方面存在一定问题。比如，某贫困县每年就业资金规模本来就不大，其中 80% 的就业资金被用于支出公益性岗位补贴，而职业培训、职业介绍、助力小微企业发展等方面的经费严重短缺，导致这些工作无法正常开展。近年来随着最低工资标准和社平工资标准不断提高，社保补贴标准不断提高，而省级就业补助资金的拨付标准并未做出相应调整，造成当地就业资金收支缺口较大。加上该县就业资金相当大的部分用于满足保障性支出，造成在引导就业和鼓励创业方面的投入不足，一些自主创业难以得到有效扶持，影响了全县"大众创业、万众创新"就业创业环境的构建。

4. 贫困劳动力转移就业能力不足，较难适应就业市场需求

大部分贫困劳动力受教育程度有限，技能水平偏低，就业能力较弱，很难在劳动力市场中找到合适的工作岗位。据云南省有关部门统计，全省现有贫困劳动力约 306 万人，其中文盲、半文盲占 16.74%，小学文化占 55.25%，初中文化占 23.16%，高中文化占 3.4%，而大专及以上学历仅占 1.44%。大部分进城务工的农民只有小学、初中文化程度，同时还存在汉语水平低、语言交流困难等问题，在学习技术、工作交流、人际交往等方面存在一定障碍，这些因素导致贫困劳动力的转移就业能力不足，转移就业难度较大。贵州省调研情况也显示，尽管贫困市州与对口帮扶城市建立了劳务协作机制，但是大部分对口帮扶城市的企业用工条件要求较高，而贫困劳动力大多在年龄、技能、学历、经验等方面偏向弱势，导致劳务输出的成功率较低。

另一方面，贫困劳动力自身素质低不仅导致他们的务工机会少，也限制了他们从事那些收入高、环境好、保障全面的工作岗位。目前沿海地区劳动用工企业处于转型升级时期，而贫困劳动力职业技能普遍偏低，达不到企业规定的文化水平、专业技术、熟练程度等要求。根据调研情况，贫困劳动力就业创收主要以苦力型劳动为主，技能型劳动创收较少。以甘肃省陇西县为例，外出劳动力主要集中在制造业、建筑业和服务业等劳动密集型行业。其中，从事建筑业的约占45%，制造业约占15%，服务业约占20%，其他行业约占20%。由于缺乏职业技能，贫困劳动力的就业竞争力较弱，导致他们得到高收入工作的机会更少，主要从事建筑装修、家政护工、餐饮服务、保洁保安等工作，工资收入较低，工作稳定性较差，就业质量普遍不高。

5. 劳务输出组织化程度低，受到经济下行压力以及企业用工转型等方面的影响，劳务输出遇到一定挑战

贫困地区劳务输出组织化程度低，在有组织、成建制、上规模转移输出方面，还需进一步加大工作力度。据云南省相关部门统计，2016 年全省 117 个县总计建档立卡贫困劳动力 272.39 万人，在有就业愿望的贫困劳动力中，45.1% 的人通过各种渠道实现转移就业。其中，有组织转移就业 25239 人，仅占输出人数的 4.5%；成建制输出 3700 人，仅占输出人数的 0.66%。由此可见，贫困地区有组织转移的劳动力规模较小，经亲朋好友介绍或自发性转移是当前劳动力转移的主要方式。究其原因：一方面，政府组织引导力度不够，公共就业服务有待加强。深入农村的及时有效和具有权威性的劳务信息比较匮乏，常规的公共就业服务最多延伸到乡镇，贫困地区远离城区、乡镇，交通闭塞，信息化水平低，农村贫困劳动力缺乏获知就业信息的正规渠道，因此外出务工多是自发的、零散式入城打工，存在较大的盲目性和随意性，在就业条件的谈判过程中处于劣势，不能得到更高的收入。另一方面，部分贫困县、乡、村尚未形成上下联动、内外协调的劳务输出网络，培育和发展劳务中介组织和劳务输出经纪人工作也相对滞后。在组织贫困劳动力转移输出的过程中，市场力量介入程度不够，市场配置人力资源的决定性作用没有充分发挥出来。

另外，由于经济下行压力加大，市场用人需求的增长态势减弱，企业招用普通劳动力意愿持续下降，贫困地区开始出现劳动力外出务工难、返乡回流等现象。比如笔者在甘肃省调研时，当地政府反映由于经济不确定因素增多，需求低迷、增长乏力，严重影响了东部沿海发达地区制造业用工需求和积极性。同时，传统务工地域新疆地区，也因为经济下行、用工本地化要求、棉花去产能、摘棉机械化等原因导致用工人数整体上减少。上述多方面的影响，导致近年来甘肃省贫困劳动力出现就业难和大部分外出劳动力返乡回流现象。据统计，陇西县自 2013 年以来外出务工人数逐年下降。2013 年外出务工 14.05 万人，2014 年外出务工 13.97 万人，2015 年外出务工减少到 13.06 万人，劳动力外出务工规模逐年缩减。

（三）社会保障政策实施中面临的困难以及问题

1. 贫困人口养老保障面临的困难以及问题

（1）农村贫困人口老龄化趋势加快，因老致贫、返贫的风险增加，养老保障任务较重。根据国家统计局网站发布的数据，按照每人每年 2300 元（2010 年不变价）的农村贫困标准计算，2017 年末，全国仍有 3046 万农村贫困人口。随着城镇化进程加快，农村青壮年劳动力资源不断向城市转移，加重了农村人口的老龄化程度。老龄化趋势不仅严重影响到劳动力参与程度，也会增加老年贫困的发生概率。以某贫困县为例，截至 2016 年末，全县建档立卡贫困人口共计 64219 人，其中老年人 13327 人，占比高达 20.75%。由于我国老年群体具有未富先老的特征，导致了抵抗风险的能力较弱，这部分群体极易陷入贫困的生活境况。当前，我国农村养老来源主要有个人养老、家庭养老、社区养老、社会养老（农村养老保险）等形式，但是个人养老、家庭养老功能逐渐弱化，农村养老保险及社区养老的保障水平较低，所以对于老年贫困者而言，现有养老保障体系并不能完全使其摆脱贫困的状态，加之农村地区缺乏照护服务和护理服务等，农村失能老人的境况会进一步恶化。综上所述，老年贫困群体是农村贫困人口的一个主要组成部分，也是精准扶贫需要重点关注的对象。

（2）截至调研时，各地针对困难群体参保缴费方面，仅是对农村居民中一、二级重度残疾人、五保户等缴费特困群体，由县区政府为其代缴全部或部分最低缴费标准的养老保险费用。事实上，大量建档立卡贫困户家庭收入微薄，参保缴费困难，但也并未享受到政府代缴或财政补贴等优惠政策。问卷调查显示，58% 的贫困人口表示参加养老保险每年需缴纳的费用由自己承担有压力，大部分调查对象表示政府有必要对贫困人口参加养老保险的个人缴费部分进行补贴。

（3）现行政策的缴费激励机制还不够完善，绝大多数贫困户选择最低缴费档次。与城镇职工养老保险以社会平均工资或者个人平均工资为基数按比例缴费不同，城乡居民个人缴纳养老保险可选择一年 100 元到 2000 元 12 个档次，地方可自行增加缴费档次，原则上不超过当地灵活就业人员参加职工基本养老保险的年缴费额。领取待遇的参保人除了基础养老金外，还有个人缴费、缴费补贴和资助构成的个人账户养老金，个人账户的资金积累额直接决定了养老金待遇标准。

从理论上来说，参保人选择更高的缴费档次，缴费积累越高，政府给予的缴费补贴越高，由此个人账户储存额越高，领取的养老金待遇越高。然而，现实情况是当前城乡居民基本养老保险基金收入中个人缴费部分占比偏低，人均个人缴费额偏少。根据人社部统计数据，2016年全国城乡居民基本养老保险基金收入中，个人缴费732亿元，约占基金总收入的25.0%；财政补助收入高达2065亿元，约占70.4%；全国城乡居民基本养老保险人均缴费额231元，仅是2015年农村居民人均纯收入10772元的2.1%。特别是在江西、河南等贫困地区相对集中的欠发达省份，人均个人缴费额不到150元。绝大多数贫困户按照最低档次缴费，个人账户积累少，不仅与家庭收入低下有关，也与现行政策的缴费激励机制不够完善，多缴多得的好处没有完全体现出来有关。在"入口"环节，尽管省、县（区）两级财政都对个人缴费给予补贴，但是贫困地区补贴比较乏力，而且财政补贴标准与个人缴费档次之间缺乏关联机制，不同缴费档次下获得的财政补贴标准几乎没有差距。如表5-3所示，除了个人缴费档次100~400元对应的省级财政补贴标准是30元，500元及其以上的4个缴费档次对应的省级财政补贴标准都是60元/人·年，没有拉开差距。同时，县级财政对应各个缴费档次的补贴标准差距仅有5元/人·年。由于缴费补贴政策不够完善，政府补贴的刺激明显不足，导致不能有效引导贫困地区人口参保缴费。在"出口"环节，如表5-4所示，养老金待遇与个人缴费档次之间的关联度不够紧密，不同缴费档次下领取的养老金待遇没有拉开明显的差距。综合"入口"和"出口"两个环节的影响，贫困群众不能直观、明显地感受到多缴多得带来的好处，一定程度上影响了他们的缴费积极性，绝大部分贫困户选择100元的最低缴费档次。而较低的缴费水平，也意味着未来较低的养老金水平。

表5-3　某市城乡居民基本养老保险的各级财政缴费补贴情况

个人选择缴费档次（元）	省级财政补贴标准 （元/人·年）	县区财政补贴标准 （元/人·年）
100～400	30	5
500	60	10
600～1000	60	15
1500	60	20
2000	60	25

（4）部分贫困地区的人口预期寿命偏低，导致这些地区群众的参保缴费积极性普遍不高。根据云南省第六次人口普查结果显示，全省人均预期寿命仅有68岁，低于全国平均水平；特别是迪庆藏区等贫困地区由于生存环境恶劣等因素，人口预期寿命更是低于全省平均水平。因为人口预期寿命低，贫困人口看不到多缴多得、长缴多得的好处，对制度预期收益不高。

（5）贫困地区的基层金融服务网点较少，部分乡镇没有设置相应的服务网点，办理业务只能到邻近乡镇，这给边远地区的贫困人口缴费和领取待遇带来了不便，而且往返成本高，加之办理业务手续程序复杂，排队等候时间长，这些因素都会影响贫困人口的参保缴费积极性。

（6）城乡居民养老保险待遇偏低，难以满足贫困老人的基本生活支出。根据人社部统计数据，到2017年6月底，全国城乡居民基本养老保险领取待遇人数15375万人，人均养老金水平122元，还不到2016年全国农村最低生活保障平均标准的一半。又如海南省2017年城乡居民养老保险基础养老金每月145元，对比日常物价水平的上涨明显偏低；对比同期全省农村居民最低生活保障每月300元，标准也明显偏低；农村居民最低生活保障标准大约每两年调整一次，但是城乡居民养老保险基础养老金并未随着农村居民最低生活保障调整而同步调整，以致两项制度待遇之间的差距越来越大。表5－4列出了按照60周岁达到待遇领取年龄且缴费满15年计算，某市城乡居民基本养老保险的各个缴费档次及其相应的待遇领取标准。根据政策规定，从理论上测算的养老金水平偏低，假如个人按照最低档次缴费100元，到60岁时仅能领取104元。然而，实际领取的养老金待遇比测算标准还要低，该市城乡居民基本养老保险每月人均领取养老金仅有92元。近年来物价消费水平大幅提高，随之城镇职工基础养老金2015年、2016年、2017年分别以10%、6.5%、5.5%的水平上调。与此相比，我国城乡居民基础养老金很少进行调整，仅在2014年全国基础养老金首次提高待遇标准，最低标准由每人每月55元提高到70元。尽管大多数省份和县级政府在此基础上进一步提高，但是贫困地区受限于地方财政压力，提高基础养老金的幅度十分有限。通过查询2017年地方调整情况发现，河南省仅从每人每月78元上调至80元，宁夏回族自治区从每人每月115上调至120元。受访贫困群众普遍反映当前养老金待遇不能解决他们年老以后的生活保障问题。问卷调查显示，30.5%的调查对象表示家中老人每月领取的养老金无法满足日常开销，27.6%的调查对象表示养老金离满足开销还差一点，25.2%的调查对象表示养老金基本能满足日常开销，只有4.5%的调查对象表示养老金完全满足日常开销而且尚有结余。

表5－4 某市城乡居民基本养老保险的现行缴费档次及相应的待遇标准

个人选择缴费档次（元）	每月领取养老金水平（元）
100	104
200	117
300	131
400	145
500	163

续表

个人选择缴费档次（元）	每月领取养老金水平（元）
600	178
700	192
800	205
900	219
1000	233
1500	302
2000	372

2. 贫困人口医疗保障面临的困难以及问题

根据国务院扶贫办统计，截至 2016 年 6 月，全国因病致贫、因病返贫贫困户占建档立卡贫困户总数的 42%，因病致贫、返贫问题仍是精准扶贫的攻坚问题。调查显示，各地建卡贫困户基本都参加了新型农村合作医疗或者城乡居民基本医疗保险。对于连片特困地区的贫困户来说，害怕生病、没钱看病是他们参加医疗保险的主要原因之一。尽管医疗保障政策在一定程度上缓解了贫困户看不起病的困境，但仍然存在保障水平有限、药品目录和诊疗目录无法满足贫困群众的治疗需求等问题。

（1）截至调研时，各地针对贫困人口参加城乡居民养老保险的个人缴费部分缺乏倾斜性政策。以重庆市为例，尽管民政部门对认定的救助对象参加城乡居民合作医疗保险，实行资助参保缴费政策，但是，民政部门认定的救助对象与建档立卡贫困户范围存在很大差异，仅仅涉及贫困户中农村低保户等一小部分群体，多数贫困户没有享受到地方财政资助缴费政策。调查结果显示，贫困对象普遍反映城乡居民医疗保险的缴费标准上涨过快，对于他们来说，缴费比较困难，因此希望政府能对医疗保险的个人缴费部分给予财政补贴。即使是受到民政部门资助参保的特困群体，也担心如果医保缴费标准继续提高，民政缴费资助能否跟得上。

（2）据问卷调查显示，尽管70%的调查对象表示自从参加医疗保险以后，自己看病承担的医疗费用得到减轻，但是近一半的人认为医疗保险的报销比例不合适，门诊部分的报销额度太少；还有近一半的人表示在办理转诊、报销等手续时不方便；遇到大病时保障程度低，解决不了贫困户的实际困难。尽管一些地区实施居民医保（或新农保）与民政医疗救助相互衔接，医疗费用经过基本医疗保险报销以后，高出部分再由医疗救助进行解决，但是救助范围仍然有限。根据邓大才等人对全国48个贫困村1159户农户的抽样调查显示，在发生大病支出、且人均纯收入2300元及以下的贫困户家庭中，大病支出报销比例在40%及以下的贫困农户占六成多。[①] 可见，贫困农户的医疗报销实现情况较差，医疗保障政策对贫困户发生重大疾病时的保障水平有限。

（3）药品目录和诊疗目录无法满足贫困群众的治疗需求。随着现代社会的发展，诊疗技术和疾病谱都在发生着变化，越来越多的新诊疗手段和疗效好的新药物都被应用于临床，而相对应的基本医保药品目录和诊疗目录却没有及时增补，特别是对于一些适用于贫困地区高发病的药品和诊疗项目，超出目录范围的药品和诊疗项目不仅被排除在城乡居民医疗保险（或新型农村合作医疗保险）的政策报销范围，大病保险和医疗救助同样也不予报销，这无疑加重了贫困人口的就医负担。根据调研情况，医疗机构的药品加成和趋利动机又间接鼓励了目录以外的医药消费。以某贫困县为例，2016年新农合在县级医疗机构住院的政策报销比例为80%，但是实际报销比例仅为50.11%。除此之外，住院病人的看护费、食宿费和交通费也构成了看病就医的

---

① 邓大才等：《新世纪扶贫需瞄准四大问题——对全国48个贫困村1159户农户的调查研究》，载徐勇主编《反贫困在行动：中国农村扶贫调查与实践》，中国社会科学出版社，2015。

隐性成本，这些对于贫困户家庭来说，无疑更是雪上加霜。

（4）各项医疗保障制度之间衔接不够顺畅。根据现行医疗保障政策，城乡居民医疗保险（或新型农村合作医疗保险）、大病保险和医疗救助之间是一种接力帮扶的关系。以某贫困县为例，当地政策规定在贫困人口发生住院费用时，首先由城乡居民医疗保险进行报销，当个人自付超过 5000 元时，再由大病保险进行二次报销，最后当基本医保和大病保险都报销后，个人仍然难以负担时可求助于医疗救助兜底。尽管该贫困县所在省份要求各地应实现基本医保、大病保险和医疗救助的"一站式"信息交换和即时结算，诊疗结束后只需支付自负医疗费用，其余由相关部门和医疗机构结算，然而实际情况却是由于三重保障机制分别由人社部门、保险公司和民政部门经办和管理，仅有城乡居民医疗保险实现即时结算，患者在出院时仍需先垫付较大数额的医疗费用并且保留就医凭证和单据，再找保险公司进行二次报销，然后还要找民政部门申请医疗救助。对于贫困家庭来说，一方面是他们根本无力垫付较大数额的医疗费用；另一方面，往返各部门之间烦琐的报销程序更让他们感到心力交瘁。

通过上述案例可见，医疗保障扶贫涉及制度间和部门间的联动衔接。在制度层面，基本医疗保险、大病保险、医疗救助、健康商业保险和慈善救助等不同制度之间衔接缺失，分割运行，分属于不同的制度保障和政策范畴，针对的保障群体也不相同。在部门层面，人社部门、卫生计生部门、民政部门、保监会（局）、扶贫部门、保险公司、慈善机构、医疗机构等之间的联动衔接机制尚未建立健全，部门利益博弈现象突出，协调合作较少。因涉及的部门较多、利益纠葛复杂、利益固化严重，因此关键问题是如何破除固有的部门利益，形成互补联动、衔接共享的部门协作机制。

（5）基层医疗卫生服务能力亟待提升。一些定点医疗机构特别是乡镇卫生院、村卫生室的医疗卫生状况差，医护人才紧缺，医疗设施设备落后等问题严重，基层医疗卫生服务能力跟不上贫困群众的治疗需求，导致部分参合农民就诊时舍近求远。根据某贫困县 2016 年新农合资金运行情况，60% 以上门诊病人及新农合补偿资金、90% 以上住院病人及新农合补偿资金都流向了县级及以上医疗机构。这种现象不仅在一定程度上增加了参合患者的医药费用负担，而且也加大了新农合基金运行压力。

3. 社保缴费政策实施中面临的主要问题

在社保缴费方面，很多调研企业反映突出的问题就是社保缴费压力过大，影响企业正常运营，不利于推动贫困地区经济发展。以走访的某家企业为例，社保缴费大概占到企业用工成本的 30% ~40%。如果按当地上一年度社平工资（56329 元）的最低档次缴费，企业一年大概需要支出 200 万，这对贫困地区的企业来说压力很大。社保缴费压力之所以大，主要源自缴费费率和缴费基数两个方面的影响：一方面，目前各项社会保险的总费率较高；另一方面，由于统计口径的调整，统计部门不再公布全口径的在岗职工平均工资，缴费基数下限只能跟城镇非私营单位在岗职工平均工资挂钩，而城镇非私营单位在岗职工平均工资明显高于全口径的在岗职工平均工资，这就导致缴费基数下限被"抬高"且逐年攀升。因此，调研企业普遍希望国家能够对贫困地区的企业在社保缴费基数和缴费费率等方面给予倾斜性政策，给企业减轻负担，让企业"轻装上阵"，带动贫困地区经济发展，创造更多的就业岗位，帮助贫困人口增收脱贫。

（四）人事人才扶贫面临的困难以及问题

连片特困地区几乎都没有区位优势，缺乏吸引力，很多贫困区县都是资金、人才等要素的净流出地，"失血"现象严重。尽管人社系统持续多年在人事人才政策中对贫困地区给予倾斜，各地也实施了一些优惠政策集聚人才，但是由于地理位置偏僻，二元经济结构明显，再加上受到自然、历史、社会等因素的制约，这些人事人才政策效应偏弱，骨干人才的收入待遇低，职业生涯道路曲折，导致人才引进难、留住更难。目前，农村实用人才总量不足，医学、农学等技能人才严重缺乏，科技人才不足的现状已经成为制约贫困地区经济社会发展的"瓶颈"。在某贫困县内，农业科技人员数量仅占科技人员总数的 5%，每万名农村人口拥有农业科技人员仅 10 人，加之农技推广和培训体系不健全，当地群众发展产业致富缺乏科学引导，农业生产水平整体比较落后。

在调研中，很多贫困地区的大中专毕业生一般不愿回家乡工作，而当地的科技人员又大量外流，人才队伍极不稳定，造成这些贫困地区发展所需的人才支撑和智力支持很不稳固。以重庆市忠县为例，由于工作条件艰苦、生活待遇低，当地人才流失现象严重，每年考出去的大学生有 2000 多人，但是很少有人回到家乡工作。笔者在与某贫困县政府部门座谈时，谈及关于引进外来人才实施智力脱贫的话题时，某领导干部表示当地条件艰苦，收入待遇低，留不住人才，人才流动性较大，而且当地政府在使用人才方面存在问题，没有很好地利用这些人才的智力支持作用。

贫困地区之所以出现引进人才难、留住人才难的问题，除了与当地自然环境恶劣、工作条件艰苦等因素有关，更为突出的是干部职工待遇偏低，对人才缺乏吸引力。以湖南省汝城县为例，该县未被列入艰苦边远地区津贴实施范围，干部职工待遇与省内其他县（区）相比偏低。县域发展基础差，工商业和经济欠发达，财政比较困难，只能保证财政供养人员基本工资的发放，津补贴也只能按低标准发放。同时，又毗邻广东，受到广州经济的影响，整体价格指数偏高。上述情况导致汝城干部职工的消费与收入水平形成巨大的反差，生活待遇较差，人才外流的趋势难以遏止。

专栏5-1　关于贫困县引进人才实施智力
脱贫的访谈内容节选

问：当地引进人才的情况怎样？

答：本地人留不住，外面人引不进来。现在通过多个渠道引进人才，像西部计划志愿者、大学生村官等，但是因为地方条件艰苦，收入待遇低，有些人来了也不安心干，仅仅把这些基层工作当作一个经历和平台，通过考试后又走了，人才流动性大，根本不稳定。

问：招录引进的人才发挥了智力脱贫的效用没有呢？

答：我个人认为，各地方政府、政府各单位没有很好地利用这些人的智力支持作用。这些政策上引进招录的人才更多的在为各单位从事文件材料、报告总结的撰写工作，并没有从事多少具体业务，而且没有决策权，智囊作用也不明显。选调生、西部计划、大学生村官这些政策我都比较熟悉，地方政府目前更看重的是这些年轻人的文字能力。按岗位招录到乡镇的年轻公务员，能力突出的，很容易被市县政府和市县单位调走或者借调走，而不在乡镇基层做事。

（五）　贫困地区基层公共服务平台建设面临的困难以及问题

1. 部分贫困地区的基层服务平台建设滞后，难以满足群众需要

当前，基本公共服务提供水平的低下所带来的风险与不确定性已经成为制约连片特困地区脱贫的重要因素。根据调研情况，一些贫困地区存在公共就业服务体系不健全、人力资源市场不完善等问题，难以满足群众日益增长的就业服务需求，不仅影响了农村贫困劳动力顺利向外输转和就地就近就业，也给当地经济社会发展带来了不利影响。主要表现为：一是硬件建设不到位，办公场所简陋，办公设备陈旧。特别是贫困乡镇、村级的劳动保障所（站）普遍存在办公网点少、条件差的问题，绝大多数基层劳动保障所（站）没有相对独立的办公场所，长期依附于乡镇办事处和村民居委会。二是人员队伍的稳定性和专业化程度不高。基层劳动保障所（站）的人员编制紧张，工作人员往往是身兼数职，专职人员严重缺乏，而且这些人员的流动性大，岗位调换频繁，职业化水平低，导致基层劳动保障事务经办效率低下。三是办公经费投入不足。虽然各省、市加大了对贫困县基层公共服务平台建设经费的投入力度，在一定程度上缓解了基层机构运转的难题，但是基层平台日常办公经费没有列入同级财政预算。四是基层服务平台的办公电子化、网络化和信息化程度低，这与就业服务向下延伸的趋势不相匹配。乡镇、村级的业务办理信息化应用程度偏低，而且业务经办人员信息化应用能力不能满足信息化发展要求，导致就业信息传播不畅，就业供给侧和需求侧不能实现精准对接。

2. 贫困县地方配套资金不足，基层公共服务平台建设受到影响

近年来，国家从政策和资金等多个方面大力支持中西部基层劳动就业和社会保障公共服务平台建设，有力地改善了中西部地区基层公共服务环境，但是由于试点项目要求地方进行一定比例的项目资金配套，受财政实力的制约，配套资金难以落实，影响了贫困地区基层公共服务建设成效。按照国家发改委办公厅《关于继续开展基层就业和社会保障服务设施建设项目试点的通知》的相关规定，对于试点县基层公共服务平台建设项目所需资金，中西部地区分别按照40%、50%的比例安排中央补助投资，除中央补助资金外，其余资金全部由地方筹措解决。但是作为国家级贫困县，县级财政财力不足，配套资金到位难度大。以湖南省宜章县为例，2014年全县地方一般财政收入为12.01亿元，而一般财政支出已经高达30.56亿元，全县保吃饭、保运转和经济社会发展要靠国家转移支付，是典型的"吃饭"财政，根本无力承担配套项目资金。一方面，各贫困县为了改善基层公共服务平台建设滞后的现状，积极争取上级政府的项目支持，但另一方面，在项目落实后又面临地方财政无力配套的难题。笔者在调研中了解到，江西省宁都县属于典型的"人口大县、经济小县、财政穷县"，宁都县基层就业和社会保障服务平台建设项目总投资1016万元，其中需要中央预算内投资337万元，省级财政配套资金337万元，县级财政配套资金342万元。截至调研时，除了中央资金到位以外，省级财政配套资金没有到位，县级财政也仅拨付55万元，距离预定的目标相距甚远，直接影响了基层就业和社会保障服务平台建设项目的整体推进。

第六章
推进人力资源社会保障
精准扶贫的政策建议

根据各地调研情况，尽管近年来在中央文件的引导下，贫困地区的人社部门围绕技能培训、就业创业、社会保障、人事人才、公共服务能力等方面实施人社扶贫政策措施，取得比较显著的成效，但是人社扶贫政策及措施在实践过程中，仍然遇到不少困难和问题。这些问题亟待研究解决，否则将会影响到精准扶贫工作的整体推进。基于上述背景，本章根据"十三五"期间人社扶贫工作目标，针对调研中反映的突出问题，结合贫困地区政府、企业和群众各方的困难和需求，提出下一步推进人力资源社会保障精准扶贫工作的政策建议。

一 建立并完善贫困人口信息台账，
精准掌握贫困人口情况

精准识别是开展人社扶贫工作的首要前提。然而，部分地区仍然存在对贫困人口识别精准度不高的问题，政府部门对贫困人口的信息采集不全面，导致信息不对称、逆向选择的现象比较普遍，政府扶持了不应扶持的群体，而真正的贫困人口却得不到援助。对此，各地应该确保把贫困人口的基本信息、困难及需求弄清楚，这样才能明确靶向，做到因户施策、因人施策。建议利用春节期间农村人员集中的有利时机，统筹整合多方面力量，充分发挥乡镇、村社干部和驻村扶贫工作队的作用，通过入户调查，切实摸清贫困劳动力资源状况、转移就业情况、富余劳动力供给状况等信息，加强对贫困劳动力转移就业形势的分析和研判。同时，还要调查建档立卡贫困户的培训需求、就业意愿、创业意向等情况，建立并完善农村贫困劳动力就业信息台账，逐步实现实名制、动态化管理，实现技能培训和转移就业的供需精准对接。

另一方面，部分地区的人社部门和扶贫部门对贫困劳动力信息掌握情况不统一的问题也比较突出。究其原因，主要还是两个部门的统计渠道和统计方式不同，而且部门之间缺乏信息互联互通。对此，建议各级人社部门与扶贫部门建立贫困人口和贫困劳动力信息共享机制，开展建档立卡贫困人口和贫困劳动力基本信息以及就业、培训、社会保险等方面信息的核实和比对，逐步建立全面、精准的贫困人口和贫困劳动力信息台账。同时，安排专人定期更新、动态管理，及时掌握扶贫对象的变化状况，为实施人社精准扶贫、动态评估扶贫效果提供有力数据支撑。

二　加强贫困人口职业技能培训，大力实施技能扶贫工程

（一）摸清贫困人口的培训意愿，实施分类职业技能培训

1. 针对贫困人口参训意愿不强的问题，建议通过电视、报纸、宣传册等媒介，大力宣传劳务致富的先进典型和成功经验，激发引导广大农民转变观念，努力营造群众大力支持、广泛参与培训的浓厚氛围。同时，组织工作人员面对面宣传参加培训对促进增收的重要作

用，给贫困劳动力分析培训前后的就业机会、就业收入情况以及创业成功概率，引导广大农民转变观念，积极参加就业创业培训。

2. 建议各地积极开展走访调查，摸查贫困人口的培训需求和就业意愿，分类开展职业技能培训。对拟转移到非农产业务工经商的农村劳动者，主要开展专项技能或初级技能的外出就业培训；对与企业签订一定期限劳动合同的在岗农民工，主要开展岗位技能提升培训；对有创业意愿且具备一定创业条件的农村劳动者和返乡农民工，主要开展提升创业能力的创业培训；对因照顾家庭等原因不愿外出、年龄偏大的农村劳动者，主要是面向县域经济发展需要，重点围绕县内农产品加工、中小企业及手工编织等传统工艺，开展就地就近转移培训。

（二） 支持贫困地区职业培训服务体系建设

在调研中，不少贫困县反映因为培训场地、师资及设备等资源不足，实训基地缺乏等实际困难，只能开展一些简单初级的技能培训，造成技能培训层次低，培训项目单一，难以满足贫困劳动力对职业培训的多样化需求，亟须加强贫困地区职业培训服务体系建设。对此，建议中央、省级财政加大资金投入力度，帮扶贫困地区改善培训场地、设施设备等基础设施，引进和培养高技能培训的师资人才，并在有必要且有条件的贫困地区建设一批职业技能实训基地，以改善目前贫困地区培训资源不足的问题。此外，充分调动社会资源，引导和支持用人企业在贫困地区建立劳务培训基地，积极开展订单、定向式培训，强化实际操作训练和技能提升培训。

（三） 加强技能培训与转移就业的工作衔接，切实提高培训实效

调查显示，多数贫困人口希望政府在培训后向其推荐工作岗位，

为他们提供更多的就业机会，实现技能培训与推荐就业的有效衔接。对此，建议各地人社部门以促进就业和增收脱贫为导向，在设定培训内容、组织培训时，遵循就业市场需求和规律，把提高贫困劳动力就业能力与促进就近就地就业、向外输出转移相结合作为主攻方向，提升培训促进就业的效果。一方面，各地应围绕当地产业发展和企业用工需求，统筹安排培训资源，积极组织贫困劳动力参加劳动预备制培训、就业技能培训和岗位技能提升培训，提高培训的针对性和有效性，促进农村劳动力就地就近就业；另一方面，各地应根据劳务输出的用工需求，探索建立"培训＋输出"一体的工作机制，积极采取订单培训、定岗培训、定向培训等就业导向的培训模式，培育和扶持具有当地特色、在国内具有影响力的劳务品牌，不断提高劳务输出质量。

（四）积极推进"春潮行动"，逐步覆盖至全部贫困劳动力

从 2014 年起，人力资源社会保障部启动实施了"春潮行动——农民工职业技能提升计划"，旨在提升农民工职业技能。其中，要求对包括农村贫困家庭劳动力在内的农村转移就业劳动者，开展就业技能培训、岗位技能提升培训、高技能人才培训和创业培训。到 2020 年，力争使新进入人力资源市场的农村转移就业劳动者都有机会接受一次相应的就业技能培训；力争使企业技能岗位的农村转移就业劳动者得到一次岗位技能提升培训或高技能人才培训；力争使具备一定创业条件或已创业的农村转移就业劳动者有机会接受创业培训。可见，"春潮行动"的实施效果直接影响到贫困劳动力的技能培训效果。如果各地能有效推进"春潮行动"的贯彻落实，并逐步覆盖至全部贫困劳动力，那么技能扶贫工作将会取得比较圆满的成效。根据调研情况，笔者针对开展"春潮行动"中的一些具体问题提出以下建议：一

是在培训内容上，按照中央提出"支持家政服务、物流配送、养老服务等产业发展，拓展贫困地区劳动力外出就业空间"的政策意见，贫困地区应面向农村新成长劳动力和拟转移就业劳动者，开展家政服务、物流配送、养老服务等方面的培训，帮助贫困劳动力顺利转移到这些服务产业实现就业。二是在培训方式上，各地需积极探索政府共享培训服务和培训成果的方式，形成各类培训机构平等竞争、贫困劳动力自主参加培训，政府购买服务的培训机制，将培训合格率和就业率作为政府向培训机构购买培训服务和培训成果的考核指标和付费标准。三是在培训经费上，鉴于不少地方反映培训补贴低，培训投入不足，培训质量无法得到保证等问题，建议国家根据物价水平、培训成本等因素，适当提高培训补贴标准，确保符合条件的贫困劳动力和用人单位都能享受到职业培训补贴和职业技能鉴定补贴政策。

（五） 整合和统筹使用各部门培训资源

鉴于调研中反映突出的培训资源分散、难以发挥合力等问题，建议贫困地区进一步创新培训体系，按照"一个机构牵头、一个计划统筹、一批职能部门承办、多支队伍培训、一批基地实训"的总体要求，争取在县级层面统筹整合分散在人社、扶贫、科技、教育、农业、工青妇等有关部门的各类培训资源和培训资金，发挥整体效应，提高培训能力和培训质量。具体建议如下：一是按照培训资金"渠道不变、用途不变、各负其责、各计其功"的原则，由相关部门将其管理的培训资源整合归集，统一分配到县区，并全程跟踪服务项目实施和资金使用情况，落实行业监管责任，严格执行项目资金管理规定。二是按照"统一计划、统一任务、统一标准、统一考核、统一补贴"的原则，培训资金在县级层面实现整合，县区政府根据各类培训规划和年度培训任务确定资金投向，捆绑集中使用省、市、县的各类培训资金，同时落实县级政府统筹安排培训项目、统一使用培训资金的主体责任。三是成立县区职业技能培训工作领导小组，主要负责制订培训计划和实施方案以及培训资金使用管理办法。小组成员由各项目主管部门组成，其中县区人社部门发挥牵头作用。各县区财政部门要设专户管理、封闭运行，各项培训资金下达到县以后，统一划拨到培训资金专户。培训结束后，培训机构向项目主管部门提出申请补贴，项目主管部门根据培训项目完成和实施情况报县区人社部门审核，经县区职业技能培训工作领导小组研究后，符合规定的由县区财政部门进行核拨。

三　加强贫困人口就业创业帮扶，大力实施就业扶贫工程

（一）多渠道开发就业岗位，促进贫困劳动力就地就近就业

1. 多措并举开发就业岗位，拓宽贫困劳动力就业渠道

（1）目前面对的主要困难是贫困地区产业发展落后，不能提供足够多的就业岗位以吸纳贫困劳动力。贫困人口通常是输出困难人口，如果在贫困地区引入具有前景的产业，能够激活地区资源，从而提高产业增值能力和吸纳贫困人口就业能力。对此，建议各地结合产业梯度转移战略，依托东西扶贫协作机制，引导和支持劳动密集型行业企业到贫困县投资办厂或实施生产加工项目分包，着力帮扶贫困县发展产业，提供更多的就业岗位吸纳贫困劳动力，使他们离土不离乡就能实现就业。

（2）积极开发适合贫困劳动力的工作岗位，着力拓展贫困地区就业空间。大力挖掘农业就业潜力，依托贫困地区特色种植养殖、休闲

农业、农村电商等农村产业发展，鼓励家庭农场、农业合作社、龙头企业等农业经营实体更多吸纳贫困劳动力就业。加强就业扶贫载体建设，因地制宜推广就业扶贫车间、社区工厂等就业扶贫模式，支持企业在乡镇（村）创建扶贫车间、村社代工点，组织贫困劳动力在家门口就业，并将经济效益好、社会信誉度高的企业作为就业扶贫基地。鼓励居家灵活就业，结合当地传统文化、自然生态、产业基础等情况，引导留守农村的妇女、残疾人等贫困群体从事手工编织、民族刺绣以及农产品加工等工作。

（3）对于那些年龄较大、有就业意愿和能力、确实难以通过市场渠道实现就业的贫困劳动力，可通过以工代赈等方式提供就业帮扶，通过易地扶贫搬迁、生态保护脱贫、基础设施建设等扶贫工程中开发出来的岗位，优先帮扶其实现就业。

（4）建议国家扩大对就业困难对象的认定范围，在政策上将农村贫困劳动力纳入就业援助对象，为其提供公益性岗位安置、社会保险补贴、创业补贴等就业援助服务。贫困地区应鼓励引导当地党政机关、事业单位、企业适度开发公益性岗位、临时工等其他岗位，在同等情况下，优先招录建档立卡贫困劳动力和贫困家庭高校毕业生等群体。

2. 下沉服务深度，延展服务广度

鉴于部分贫困劳动力希望就地就近就业的意愿，当地政府部门应在日常工作中坚持服务下沉，依托就业服务机构和基层平台，组织专门人员进村入户，实施定点服务和上门服务，免费为贫困劳动力提供政策咨询、岗位信息、职业指导、职业介绍等基本服务，落实好各项就业创业扶持政策。同时，还要广泛搜集供求信息，结合"春风行动""就业援助月""民营企业招聘周"等就业服务专项活动，重点在贫困乡镇、贫困村组织开展面向农村贫困劳动力的专场招聘会，促进贫困劳动力与本地用人单位的供需精准对接。

3. 扶持贫困地区企业发展，鼓励企业吸纳贫困劳动力就业

（1）根据调研企业希望政府对参与扶贫、主动承担社会责任的企业给予优惠政策的需求，建议对招用符合条件的贫困劳动力就近就地务工的各类用人单位，给予税收减免、贷款贴息等政策扶持。对吸纳贫困劳动力数量较多的企业，授予其扶贫模范单位、就业扶贫基地等荣誉称号，并按企业为符合条件的贫困劳动力实际缴纳的基本养老保险费、基本医疗费、失业保险费给予补贴。

（2）根据笔者走访企业了解到的情况，建议根据连片特困地区的经济社会发展情况，阶段性地、有条件地适当降低社保费率，减轻企业人工成本压力，促进地方经济发展，创造出更多的就业岗位用于吸纳贫困劳动力。

（3）各地进一步完善就业创业政策，对采取有效措施稳定贫困劳动力就业岗位的企业，可按规定给予失业保险稳岗补贴，鼓励企业将补贴资金用于缴纳社会保险费、技能提升培训等相关支出。除此之外，出台鼓励企业开发新就业岗位的政策。对创造出新就业岗位用于安置贫困劳动力的企业，可按照新增加就业岗位数，给予不超过3年企业缴纳部分的社会保险费补贴，资金可从就业补助资金、失业保险基金和财政预算中列支。目前，一些贫困地区已经采取相关措施，并收到较好的成效。广西壮族自治区通过实施企业新增就业岗位补贴和企业稳岗补贴政策，鼓励企业吸纳贫困劳动力就业。仅在2015年，自治区共有4346家企业申领了新增就业岗位补贴，3800多家企业获得了稳岗补贴。

（二）有序开展劳务输出，增加贫困人口的劳务收入

目前，外出务工成为农民增收的主要来源。2015年全国农民工总量达到 2.77 亿人，务工月平均工资收入 3072 元。一批批进城务工的农民，带着资金、技术回乡创业，成为农村经济发展的一支新生力量，形成了"输出劳务—积累生产要素—返乡创业"的发展模式，是农村贫困地区获得发展的外源力量。因此，引导贫困劳动力有序输出劳务，是扶贫开发最直接有效的手段之一。

针对调研中劳动力无序输出的问题，建议贫困地区（输出地）与发达地区（输入地）建立健全劳务输出对接协调机制，通过依托东西部扶贫协作机制组织劳务输出、推动省内发达市县与贫困县劳务协作等方式，有效推进区域间和区域内劳务协作，提高劳务输出脱贫的组织化程度。输出地和输入地之间应坚持优势互补、合作共赢，把切实解决农村贫困劳动力就业作为劳务协作的首要目标任务，在开发就业岗位、共享用工岗位信息、开展有组织劳务输出、组织技能培训、加强输出后的跟踪管理服务、维护劳动权益等方面开展务实合作。

（1）输出地充分发挥基层平台作用，对贫困劳动力开展就业意向调查。在摸清底数的基础上，因人因需提供就业服务。通过举办"春风行动"等就业服务专项行动，满足春节前后进城务工人员求职和企业招聘用人需要，有序组织开展劳务输出，并对跨省务工的贫困劳动力给予交通补贴。

（2）输出地和输入地之间加强技能培训合作，大力培育特色劳务品牌，每年组织开展劳务品牌培训项目，重点扶持和培育一批具有一定市场占有率的优势工种，打造提升具有地方特色的劳务品牌，促进劳务输出从体力型向技能型、分散型向组织型、低端型向品牌型转变。

（3）输出地和输入地之间加强工作衔接、信息共享，动态掌握劳务对接人员就业情况。输出地要摸清本地贫困劳动力就业意向和需求，并将这些信息主动提供给输入地。输入地根据贫困劳动力的基本情况和就业意愿，广泛搜集适合贫困劳动力的岗位信息，并在有用工需求的企业定向开发岗位，引导企业合理降低岗位对人员技能、文化程度和年龄等要求，设立"求职需求清单"和"岗位供给清单"，推动供需实现无缝对接。输入地通过对接输出地劳务输出信息系统，实名认证招用贫困劳动力的企业，实名管理在输入地就业的贫困劳动力，并及时为他们免费提供政策咨询、就业信息、职业介绍、权益维护等公共服务。

（4）输出地和输入地都应加强对已转移就业的贫困劳动力在工资支付、权益维护等方面的跟踪服务，完善职业培训、就业服务、劳动维权"三位一体"的工作机制，帮助贫困劳动力实现稳定就业。特别是输出地的责任较重，要对转移输出的劳动力实行动态化管理，同时做好后续跟踪服务。一方面，需要关注和处理好劳务输出后产生的留守儿童教育和孤寡老人抚养等社会问题，为转移输出的贫困劳动力切实解决后顾之忧，使其能够安心、稳定就业。另一方面，输出地需在务工人数集中的城市建立驻外劳务服务机构，关注贫困劳动力在外务工的权益维护问题，做好突发事件处置、劳务纠纷调解、新市民待遇协调等跟踪服务。

（5）就业扶贫离不开市场运作，特别是在劳务输出过程中，市场化服务机构与培训机构发挥着重要作用。因此，各地政府应该鼓励和支持人力资源服务机构、农村劳务经纪人等市场主体开展有组织劳务输出，并按规定给予就业创业服务补贴。

（三）　加大就业补助资金对贫困地区的转移支付力度

在调研过程中，不少贫困地区反映因为地方财政配套困难，就业资金缺口较大，难以满足就业扶贫工作的实际需要。针对这个问题，建议中央在下放就业补助资金时，充分考虑到贫困地区劳动者技能低、培训开发等资金需求量大，地方财政又很困难等实际情况，加大对贫困地区就业补助资金的转移支付力度，为就业扶贫工作提供有力的资金保障。省、市各级财政在分配就业补助资金时，也应向扶贫任务较重、贫困劳动力数量多的贫困县重点倾斜。

（四）完善创业担保贷款政策，支持农民工等人员返乡创业

大众创业、万众创新是富民之道、强国之举，也是促进就业的重要着力点。调查显示，贫困人口的创业意愿较强，但在创业过程中，他们会遇到缺项目、缺资金、缺技术等困难，亟须政府为其提供资金支持、出台扶持政策、组织创业培训、设立创业基地等帮扶措施。第一，制定并落实针对贫困地区更为优惠的创业扶持政策，放宽政策准入门槛，营造良好的创业政策环境，吸引掌握一定资金、技术和管理经验的农民工、大学生、退伍军人等人员返乡创业，从而发挥创业带动就业的倍增效应。第二，搭建公共创业服务平台，支持贫困县建设创业园区，加大创业政策、创业培训、创业服务力度，支持返乡农民工等群体在贫困地区投资基础设施、兴办各类事业，通过创业带动贫困劳动力就业。第三，大力推动农村电子商务创业就业，把发展农村电子商务作为帮助贫困农民增收、带动农村大学生等人员返乡创业的重要抓手。第四，将农村贫困劳动力等群体纳入创业贷款扶持对象，同时降低担保条件，简化贷款手续，切实发挥创业担保贷款政策的扶持作用。

四 社保政策适度向贫困人口倾斜，构建制度性安全保障网

中央政府提出"五个一批"扶贫路径，分别是发展生产脱贫一批、异地搬迁脱贫一批、生态补偿脱贫一批、发展教育脱贫一批、社

会保障兜底一批。如图6-1所示，社会保障兜底脱贫与其他扶贫政策之间是相辅相成、互为补充、缺一不可的关系，共同构成了打赢脱贫攻坚战的"组合拳"。社会保障制度在国家精准扶贫、精准脱贫方略中，主要发挥着为"脱贫"兜底的作用，即在发展生产、异地搬迁、生态补偿、发展教育等其他扶贫举措不能发挥作用的情况下，发挥社会保障制度的反贫困功能，打通"最后一公里"，兜底"最后一批人"。

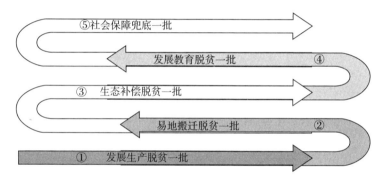

图6-1　中央"五个一批"扶贫路径

社保扶贫的主要思路是要减轻贫困人员参加社保的缴费负担，实现贫困人员应保尽保；提高医疗保障水平，减轻贫困人员的医疗费用负担；适时提高社会保险待遇以及体现对贫困人员的适度优先。密织网、减负担、提待遇、强保障，既是民之所望，也是施政所向。社保扶贫的着力点主要放在养老保障和医疗保障等方面，下面对具体建议进行展开。

（1）在养老保障方面，一是多项措施并举，减轻贫困人员参加社会保险的缴费负担，引导贫困地区城乡居民参保续保，避免发生因老致贫、返贫的现象。在参保缴费的"入口"环节，逐步增加地方财政的补贴比例，减轻贫困人员的个人缴费负担。特别是对缴费困难的深度贫困人口，探索建立地方政府按最低缴费档次为其代缴全部养老保险费的机制。同时，部分地区的先行做法也可参考。比如，内蒙古赤峰市针对建档立卡的贫困人口、低保对象、特困人员等困难群体，发放单笔额度不高于10万元的金融助力养老保险贷款，帮助困难群体缴纳基本养老保险费，预计2020年参保贫困人员年人均可支配收入可达6000元左右。这种做法通过人社部门和金融机构通力合作，既减轻了财政代缴的负担，化解了缴费难题，又提高了贫困人员待遇水平。二是针对绝大多数贫困人口选择最低档次缴费、缴费积极性不高等问题，一方面要加大政策宣传力度，让贫困群众直观感受到不同缴费档次下领取的养老金差距，明确意识到多缴多得的好处。另一方面，优化制度设计，在为贫困人口保留最低缴费档次的同时，进一步强化多缴多得、长缴多得的激励机制；完善缴费补贴政策，地方政府应根据经济发展、个人缴费标准提高和财力状况等因素，适时调整缴费补贴水平，如采取财政补贴随缴费额递增、建立缴费补贴动态调整机制等项措施，引导城乡居民主动多缴、长缴，从而增加个人账户基金积累。三是城镇职工基础养老金多次进行调整，且调整幅度较大，相比之下，城乡居民养老保险的基础养老金很少调整，长期维持在较低水平。全国基础养老金标准仅在2014年调整过一次，从每人每月55元上调至70元，而在贫困地区相对集中的中西部地区，多数仅仅依靠省级财政补贴二三十元，市、县两级财政补贴更是微乎其微。因此，大多数贫困地区的城乡居民基础养老金仅有每人每月100元左右，很难满足城乡老年人的日常基本生活开支。为此，亟须根据城乡居民收入增长、物价变动和职工养老保险等其他社会保障标准调整情况，建立城乡居民全国基础养老金最低标准的动态调整机制，最好实现城乡居民基础养老金和城镇职工基础养老金同步调整。同时，鼓励有条件的地方提高当地基础养老金标准，适度提高贫困人口养老保险待遇，确保农村贫困老人共享经济社会发展成果。四是在调研中，笔者发现城乡居民基本养老保险制度在各地实践中存在省级以下政府财政分担责任不够合理的问题。比如，关于个人账户补助资金的财政责任，某省的规定是由省级财政承担80%，县财政承担20%，而市级财政只承担本级的补助责任。对此，地方人社部门的有关领导认为县级财政在县以上四级中是最为困难的，尤其是贫困县财政赤字现象比较严重，市级财政也应该承担所辖县的部分补助责任。鉴于县级财政的困难处境，提出以下建议：一方面，加大中央和省级财政对贫困地区养老保险的转移支付力度，促进社会资源分配的再分配；另一方面，个人账户补助资金的财政责任需进行合理划分，省、市、县各级财政都需补贴，至于如何分配还是应从贫困县财政困难的实际情况出发，适度下调县级财政的补贴比例。五是为方便城乡居民查询账户、缴纳保费以及领取待遇，建议承接养老保险业务的金融机构加大基层金融服务网点投入力度，建立健全基层金融服务网点设施，让贫困人口享受快捷高效的金融服务。

（2）在医疗保障方面，深入实施健康扶贫工程，落实医保精准扶贫政策，最关键的是要减轻贫困人口的医疗费用负担，避免发生因病致贫、返贫的现象。一是对建档立卡的贫困人口参加城乡居民基本医疗保险的个人缴费部分由地方财政给予补贴，减轻贫困人口缴费压力，提高他们的参保积极性。二是城乡居民基本医疗保险制度对贫困人口实行政策倾斜，坚持优化报销制度的政策方针，适度提高贫困人口享受报销比例，放宽异地报销的限制条件，简化转诊、报销等手续。三是进一步完善大病保险制度，探索向贫困群体适当倾斜的具体做法，采取降低起付线、提高报销比例、提高给付封顶线等措施，切实降低贫困人口大病费用实际支出。四是做好基本医疗保险、大病保险、医疗救助制度衔接工作。这里需要关注两个方面：一方面，目前医疗保障制度的补偿顺序大致为"基本医保＋大病保险＋医疗救助＋

商业补充保险＋慈善救助"，但问题是在基本医疗保险报销后，如果自付费用未达到大病保险的起付标准，此时按照"先大病保险后医疗救助"的原则，不仅大病保险无须支付，应该救助的对象也可能无法获得医疗救助。为此，应对贫困人口的补偿顺序进行灵活调整，允许医疗救助直接对接基本医疗保险。另一方面是各项医疗保障制度衔接要具有可操作性，基础条件就是统一、多层次的医保信息平台。在实操层面，充分发挥社会保险管理信息系统和社会保障卡的平台作用，实现基本医疗保险、大病保险、医疗救助对患者医疗费用的"一站式"即时结算。"一站式"结算要求做到医疗救助与医疗保险在一个服务窗口即时同步结算，贫困人口在医院住院或门诊看病出院后，通过互联互通的信息管理系统，同步结算医疗保险报销金额、医疗救助金额和个人自付金额。五是加快实施农村分级诊疗模式，充分发挥基层医疗卫生机构的作用。一方面，加快贫困地区医疗卫生服务体系建设，实施城市高等级医院对贫困县、乡、村医疗机构的对口帮扶，提升基层医疗机构医疗服务水平，改善贫困群众的就医条件；另一方面，在农村地区全面建立起基层首诊、双向转诊、急慢分治、上下联动的分级诊疗模式，引导农民合理利用医疗资源，防止"小病大治"，这样不仅减轻贫困群众的就医负担，而且抑制医疗费用的过快增长，避免医保基金出险。

五　加大贫困地区人才培养和智力引进力度，为推进精准扶贫提供人才支撑

对在贫困地区基层服务的各类人才，认真落实好国家和地方各项优惠政策。一是鼓励大专院校、科研院所为贫困地区培养人才，鼓励高校毕业生到贫困地区就业创业，其中优先向贫困村配备大学生村

官。二是为缓解贫困地区机关事业单位"招人难"的问题，建议对贫困地区机关事业单位的人员招录、职务晋升等方面给予适当倾斜。通过降低学历要求、拿出一些职位面向本地人员招考等措施，适当放宽招录条件，多方拓宽招聘渠道，引导各类人才扎根贫困地区基层建功立业。三是针对贫困地区机关事业单位"留人难"的问题，继续落实国家规定的工资倾斜政策，定期调整艰苦边远地区津贴标准，提高贫困地区、艰苦边远地区基层干部的工资收入，激发他们的工作积极性。四是做好第三轮高校毕业生"三支一扶"计划的组织和实施。瞄准贫困地区基层对人才的实际需求，进一步加大扶贫类服务岗位开发力度，岗位征集过程中注意适当向贫困基层、艰苦边远地区倾斜。五是落实《国家中长期人才发展规划纲要（2010～2020年）》和《专业技术人才队伍建设中长期规划（2010～2020年）》，探索建立精准扶贫人才专家库，建立选派农业、教育、科技、卫生等领域专业技术人员到贫困县、乡、村对口帮扶的常态化机制。通过实施万名专家服务基层行动计划，引导和鼓励专家深入贫困地区开展服务活动，并对这些人员在职称评聘、科研项目、工资待遇等方面适当给予倾斜。六是加大对贫困地区人才培养、培训的支持力度，将重大人才工程的项目和资金向贫困地区进行倾斜，用于支持贫困县培养农村实用人才、建设人才培训基地等各方面。

六　推动贫困地区基层公共服务体系建设，提升公共服务能力

第一，促进基本公共服务均等化，是深入推进扶贫开发的必然要求。调查显示，大多数贫困人口反映所在村庄没有建立劳动保障服务站，还有部分贫困人口表示办理劳动保障业务不方便，这些问题迫切

需要研究解决。建议加强贫困地区基层劳动就业和社会保障服务平台建设，在贫困县、乡镇及行政村各层设立劳动就业和社会保障服务平台，着力打通人社工作服务群众"最后一公里"，提升公共服务提供的便捷性和可及性。

第二，加强贫困地区基层服务网点的基础设施、经办队伍和信息化等方面的建设。按照制度化、专业化、社会化的要求，明确服务标准，拓展服务内容，提高贫困地区公共服务能力。一是协调相关部门推进贫困地区县乡劳动就业和社会保障服务设施建设，切实改善贫困地区劳动就业和社会保障公共服务条件。二是加强基层经办机构的能力建设。向贫困地区基层经办机构配备专职工作人员，充实基层经办人员队伍。同时，加大对贫困地区基层经办人员的培训力度，提升他们的综合素质和业务能力。三是创新管理服务手段，提高管理精度，打造方便、快捷的一站式服务。组织实施"互联网＋人社"计划，加快面向贫困人口发放社会保障卡。借助信息化手段，将人力资源社会保障电子化服务和扶贫政策信息及时推送到扶贫对象身边。

第三，加大对贫困地区基层公共服务平台建设的扶持力度，在建设数量和资金安排等方面给予政策倾斜。习近平总书记在河北省阜平县考察时，指出"越是贫困的地方，越是拿不出配套资金，这样扶贫政策就很难落实，效果也不好，这个问题要加以解决"。针对贫困县申请基层公共服务平台建设项目积极性不高等问题，建议减少或取消基层公共服务平台建设项目要求的县级财政配套资金。贫困地区本来就是"吃饭财政"，如果中央和省级对口支援项目，还要求县级配套资金，这对本来吃紧的财政来说无疑压力很大。为使这些重大帮扶项目更好地带动贫困地区的经济社会建设，中央和省级政府在对口支援地方项目时，需考虑地方财政的承受能力，尽可能增加上级财政份额，减轻县级财政配套压力。

参考文献

［1］〔印〕阿比吉特·班纳吉:《贫穷的本质:我们为什么摆脱不了贫穷》,中信出版社,2013。

［2］〔印〕阿马蒂亚·森:《论社会排斥》,《经济社会体制比较》2005年第3期。

［3］〔印〕阿马蒂亚·森:《贫困与饥荒》,王宇、王文玉等译,商务印书馆,2001。

［4］财政部农业司扶贫处:《不同国度下的相同取向——部分发展中国家扶贫政策措施的启示》,《农村财政与财务》2007年第4期。

［5］车刚、赵涛:《新型农村合作医疗对农村居民卫生服务利用公平性的影响研究》,《卫生软科学》2007年第21(1)期。

［6］程杰:《社会保障对城乡老年人的贫困消减效应》,《社会保障研究》2012年第3期。

［7］范小建主编《扶贫开发形势和政策》,中国财政经济出版社,2008。

［8］范小建主编《完善国家扶贫战略和政策体系研究》,中国财政经济出版社,2011。

［9］范子娜:《大扶贫视角下我国农村扶贫开发问题与对策研究》,《济源职业技术学院学报》2015年第1期。

［10］桂林市人力资源和社会保障局:《突出产业特色 打造培训品牌 桂林市全力打好技能脱贫攻坚战》,《人事天地》2016年第3期,总第216期。

[11] 黄镜明、赖永胜：《江西安远劳动力转移培训的"1、2、3、4"》，《老区建设》2007年第2期。

[12] 黄万庭：《新疆农村社会保障反贫困效应分析》，《新疆大学学报》（哲学·人文社会科学版）2015年第43卷第3期。

[13] 江西省政协社会和法制委员会：《关于江西省新阶段农村扶贫开发情况的调研报告》，《老区建设》2011年第19期。

[14] 李梦竹：《连片特困地区扶贫开发中的地方政府行为研究——以武陵山片区为例》，硕士学位论文，西南大学，2015。

[15] 李明强：《面向全民的医疗保障——医疗保障的制度创新与中国医改相关措施探讨》，硕士学位论文，北京大学，2007。

[16] 李晓嘉、刘鹏：《中国农村医疗保障制度与农民贫困的实证研究》，《经济与管理》2007年第21卷第11期。

[17] 李雪峰主编《贫困与反贫困：西部贫困县基本公共服务与扶贫开发联动研究》，中国财政经济出版社，2016。

[18] 李余、蒋永穆等：《中国连片特困地区扶贫开发机制研究》，经济管理出版社，2016。

[19] 林晓洁：《多次报销解忧愁 提高待遇减负担——全国人社系统做好医保工作推进精准扶贫》，《中国劳动保障报》2016年2月17日。

[20] 林晓洁：《医保精准扶贫需要部门衔接和制度衔接》，《中国劳动保障报》2016年10月25日。

[21] 刘传岩、赵玉：《我国农村扶贫政策的协调配套问题研究》，《开放导报》2008年第2期。

[22] 刘泓余：《新密市精准实施就业扶贫》，《中国劳动保障报》2016年4月1日。

[23] 吕祥乾：《云南集中连片特困地区扶贫开发模式研究》，硕士学

位论文，云南师范大学，2014。

[24] 马骥：《经济新常态下连片特困地区扶贫开发问题分析》，《郑州航空工业管理学院学报》2015 年第 4 期（第 33 卷）。

[25] 母赛花、李明辉：《贫困地区新农保持续推进面临的主要困难及对策分析》，《经济研究导刊》2012 年第 22 期。

[26] 聂火云：《江西老区农村社会事业现状分析与发展机制研究》，《江西社会科学》2009 年第 11 期。

[27] 彭贞贞、马骥：《连片特困地区的特征及扶贫开发的对策分析》，《商业经济》2013 年第 12 期。

[28] 〔美〕乔治：《进步与贫困》，吴良健、王翼龙译，商务印书馆，2010。

[29] 世界银行：《1995 年世界发展报告：一体化世界中的劳动者》（中文版），中国财政经济出版社，1995。

[30] 世界银行：《2013 年世界发展报告：就业》，胡光宇、赵冰译，清华大学出版社，2013。

[31] 世界银行增长与发展委员会：《增长报告——可持续增长和包容性发展的战略》，中国金融出版社，2008。

[32] 孙向谦：《完善医疗保障扶贫在健康扶贫中的作用探讨——基于山西省 X 贫困县基本情况》，《劳动保障世界》2017 年第 12 期。

[33] 孙兴伟：《"授鱼"改"授渔""输血"变"造血"——全国人社系统积极推动技能扶贫》，《中国劳动保障报》2016 年 2 月 24 日。

[34] 王睿：《发力有精度　扶贫有准头——代表委员热议精准扶贫》，《中国劳动保障报》2016 年 3 月 12 日。

[35] 魏淑艳、田华文：《我国农村贫困形势与扶贫政策未来取向分

析》，《社会科学战线》2014 年第 3 期。

[36] 吴晓俊：《"一六一"扶贫开发模式，吹响革命老区扶贫号角——江西省上饶革命老区贫困问题调查研究》，《老区建设》2010 年第 3 期。

[37] 夏英、李芸、吕开宇等：《中国贫困革命老区扶贫开发报告》，中国农业科学技术出版社，2012。

[38] 向德平、张大维等：《连片特困地区贫困特征与减贫需求分析：基于武陵山片区 8 县 149 个村的调查》，经济日报出版社，2016。

[39] 徐勇主编、邓大才等著《反贫困在行动：中国农村扶贫调查与实践》，中国社会科学出版社，2015。

[40] 许怀国：《在精准扶贫工作中人社部门如何发挥重要作用》，《中国劳动保障报》2016 年 2 月 3 日。

[41] 杨硕荣：《内蒙古 6 个"进村入户"促就业创业精准扶贫》，《中国劳动保障报》2016 年 1 月 30 日。

[42] 游俊、冷志明、丁建军主编《中国连片特困区发展报告（2013）》，社会科学文献出版社，2013。

[43] 袁高攀、王蓓蓓：《兰州"五送一落实"助困难人员就业》，《中国劳动保障报》2016 年 3 月 18 日。

[44] 张磊主编《中国扶贫开发政策演变（1949～2005 年）》，中国财政经济出版社，2007。

[45] 张琦、黄承伟等：《完善扶贫脱贫机制研究》，经济科学出版社，2015。

[46] 张永军、张静：《精准扶贫助推老区人民脱贫致富》，《西部大开发》2015 年第 4 期。

[47] 张榆琴、李学坤：《乌蒙山连片特困地区反贫困对策分析》，《中国集体经济》2012 年第 4 期。

［48］张忠朝、袁涛：《医疗保障扶贫实施情况分析研究》，《中国医疗管理科学》2016 年 7 月第 6 卷第 4 期。

［49］赵川、冯静：《"一提升三结合"走出扶贫新路》，《中国人力资源社会保障》2011 年第 12 期。

［50］赵文：《为了群众不再因病返贫致贫——宁夏整合城乡居民医保惠及千家万户》，《中国劳动保障报》2016 年 3 月 25 日。

［51］赵泽众：《对症下药　扶贫方能有效》，《中国劳动保障报》2016 年 2 月 3 日。

［52］中共中央党校经济学教研部：《中国扶贫开发调查》，中共中央党校出版社，2013。

［53］中国国际扶贫中心、联合国开发计划署驻华代表处编《国际减贫与发展论坛集萃（2007 ~ 2011）》，社会科学文献出版社，2013。

［54］周猛：《集中连片特困地区的致贫因素和减贫对策探析——以西藏自治区改则县为例》，《开发研究》2012 年第 6 期。

［55］朱俊生等：《中国社会保护政策减贫效应研究》，首都经济贸易大学出版社，2013。

［56］朱铭来：《因病致贫人群精准保障的分析与思考》，《中国劳动保障报》2016 年 9 月 27 日。

［57］左常升主编《世界各国减贫概要》（第一辑），社会科学文献出版社，2013。

［58］Azevedo, Pedro Joao, Inchauste Gabriela, Olivieri Sergio, Chanduvi Jaime Saavedra, and Winkler Hernan, "Is Labor Income Responsible for Poverty Reduction? A Decomposition Approach," Background paper for the WDR 2013.

［59］Gabriela Inchauste, "Jobs and Transitions out of Poverty: A Literature Review," Background Paper for the WDR 2013.

［60］Inchauste, Gabriela Olivieri Sergio, Jaime Chanduvi Saavedra, and Winkler Hernan, "Decomposing Recent Declines in Poverty: Evidence from Bangladesh, Peru, and Thailand," Background Paper for the WDR 2013.

［61］Jalan, J. M. Ravallio, "Spatioal Poverty Traps? " *The World Bank Policy Research Working Paper* 1997 No. 1862.

［62］Narayan, Deepa, Pritchett Lant, and Kapoor Soumya, *Moving Out of Poverty: Success from the Bottom Up*, (New York: Palgrave Macmillan, WashingtonDC: World Bank) .

［63］Tandon, J. Zhuang, "Inclusiveness of Economic Growth in the People s Republic of China: What Do Population Health Outcomes Tell Us?" ERD Policy Brief Series No. 47, Manila: Economics and Research Department, Asian Development Bank, 2007.

附件1
人力资源社会保障扶贫
问题调查问卷

受访贫困对象地址：＿＿省＿＿市＿＿＿县（市、区）＿＿＿乡（镇）＿＿＿村

一 基本情况

1. 您的年龄：

A 18 岁以下   B 18～30 岁   C 30～40 岁

D 40～50 岁   E 50～60 岁   F 60 岁以上

2. 您的文化程度：

A 文盲   B 小学   C 初中

D 高中   E 中专   F 大专及以上

3. 您家庭中主要的收入来源是什么？（此项可多选）

A 务农收入   B 务工收入   C 经商收入

D 集体资助   E 政府低保金   F 政府扶贫资金

G 亲友援助   H 其他＿＿＿（请注明）

4. 近年来，您家庭开支的优先顺序是：□→□→□→□→□（将下列选项按顺序填入□中）

A 基本生活支出   B 医疗支出   C 子女教育

D 农业生产投入   E 养老支出

5. 导致您家庭贫困的主要原因是什么？（此项可多选）

A 除农业以外，无其他收入来源

B 家庭成员身患重病或残疾

C 抚养子女负担重

D 赡养老人负担重

E 家中缺乏劳动力

F 遭遇自然灾害或突发事件

G 其他＿＿＿（请注明）

6. 您的家庭成员有＿＿＿人，其中具有劳动能力的家庭成员有＿＿人。

二　职业技能培训情况

7. 您是否有政府颁发的职业资格证书？

A 没有

B 有，初级职业资格证书

C 有，中级职业资格证书

D 有，高级职业资格证书

8. 您是否愿意参加当地政府组织的职业技能培训？

A 愿意　　　　　　　B 不愿意

如果选择 B 项，请继续填答。您不愿意参加职业技能培训的原因：

A 培训时间过长

B 培训课程不实用

C 培训师资不够好

D 培训期间缺乏收入来源，生活没有着落

E 其他＿＿＿＿（请注明）

9. 您是否参加过当地政府组织的职业技能培训？

A 有 B 没有

如果选择 A 项，请继续填答：您接受培训后是否成功找到工作：
A 是 B 否

10. 您希望政府为贫困人口提供哪些方面的技能培训？（此项可多选）

A 农业技术 B 建筑 C 电工

D 保洁 E 保安 F 养老服务

G 家政服务 H 物流配送 I 电脑、上网

J 其他____（请注明）

11. 您觉得政府向贫困人口提供技能培训后，是否应该推荐工作岗位？

A 有必要推荐

B 无所谓，即使不推荐，自己也能找到工作

C 没必要推荐

12. 您认为政府组织的职业培训时间是否合适？

A 时间合适 B 时间过长，建议缩短

C 时间过短，建议延长

13. 您对当地政府组织贫困人口参加职业技能培训的工作效果是否满意？

A 很满意 B 比较满意 C 感觉一般

D 不太满意 E 不满意

三 就业创业情况

14. 您家中是否有人外出打工？（ ）

A 有，共__人 B 没有

如果选择 B 项，请继续填答：

（1）没有外出打工的主要原因：

A 务农收入更高

B 需要照顾家庭

C 觉得打工太辛苦

D 就业困难，缺乏技能

E 没有外出务工渠道

F 选择自己创业

G 外出务工成本高

H 其他_____（请注明）

（2）如果有可能的话，您是否愿意外出打工：A 是　　B 否

15. 您或身边的人在找工作过程中遇到哪些困难和阻碍？（此项可多选）

A 文化程度低

B 缺乏职业技能

C 获取招工信息比较困难

D 年龄偏大，遭到歧视

E 就业渠道窄，缺乏就业机会

F 身患残疾，遭到歧视

G 担心不能适应外面环境

16. 您认为政府帮扶贫困人口就业，应该提供哪些方面的服务？（此项可多选）

A 提供政策咨询

B 组织技能培训

C 发布岗位信息

D 提供职业指导

E 提供职业介绍

F 提供就业援助，如公益性岗位等

G 组织专场招聘会

H 组织跨省劳务输出

I 帮助维护在外务工人员的合法权益

J 其他_____（请注明）

17. 您是否接受过政府提供的就业帮扶服务？

A 是　　　　　　　　B 否

如果选择 A 项，请继续填答。您对政府提供的就业帮扶是否满意？

A 很满意　　　　　　B 比较满意　　　C 感觉一般

D 不太满意　　　　　E 不满意

18. 您在找工作时最优先考虑的因素是：

A 工资收入水平　　　B 离家距离的远近 C 自身权益保障

D 工作环境的好坏　　E 晋升发展空间　 F 提升自身能力

G 其他_____（请注明）

19. 您在找工作时优先考虑的就业途径是：

A 通过亲朋好友介绍

B 自发外出找工作

C 通过职业中介机构介绍

D 通过公共就业服务机构推介

E 其他渠道_____（请注明）

20. 您希望从事哪个行业的工作：

A 生产制造　　　　　B 建筑装修　　　C 住宿餐饮

D 家政、养老服务　　E 物流配送　　　F 批发零售

G 保洁保安　　　　　H 公共管理　　　I 文化教育

J 技术服务　　　　　　　K 其他 _____（请注明）

21. 您期望的打工地点：

A 本地乡镇区域　　　　B 本地县区区域　　C 本地市区区域

D 省内其他地级城市　　E 省会大型城市　　F 省外发达城市

G 无特别期望　　　　　H 其他_____（请注明）

22. 结合自身情况，您认为每月打工收入比较理想的范围是：

A 1000 元以下　　　　　B 1001～2000 元　　C 2001～3000 元

D 3001～4000 元　　　　E 4001 元以上

23. 您是否愿意自己创业？

A 是　　　　　　　　　　B 否

24. 您认为在创业过程中，可能遇到哪些困难？（此项可多选）

A 缺资金

B 缺技术

C 招工难和留人难

D 没有好的创业项目

E 缺乏政策扶持

F 缺乏创业经验

G 自身创业能力不足

H 缺乏市场和销售渠道

I 其他_____（请注明）

25. 您对当前政府出台的创业扶持政策是否了解？

A 了解　　　　　　　　B 不太了解　　　　C 不了解

26. 您希望政府在扶持贫困人口创业方面，提供哪些帮扶措施？
（此项可多选）

A 提供政策咨询

B 出台扶持政策

C 提供创业培训

D 推荐好的创业项目

E 提供资金支持，如创业担保贷款等

F 设立农民创业基地，并提供配套设施和专门服务

四 医疗支出及保障情况

27. 您的健康状况：

A 很好   B 一般   C 较差

D 患有长期慢性病   E 身患残疾

28. 每年看病支出对您家庭的经济状况影响如何？

A 看病费用很多，对家庭影响很大

B 看病费用较多，对家庭影响较大

C 看病费用不太多，对家庭影响不大

D 看病费用对家庭基本没有影响

29. 您目前参加以下哪项医疗保险？

A 城乡居民基本医疗保险

B 新型农村合作医疗

C 城乡居民大病保险

D 以上均未参加

如果选择 D 项，没有参加医疗保险的原因是：

A 不了解政策

B 缴不起费用

C 已参加商业保险

D 觉得作用不大

E 其他_____（请注明）

30. 您目前参加医疗保险，每年需要缴纳的费用标准是_____

__元。

31. 对参加医疗保险需要缴纳的费用，自己是否承担得起？

A 缴费没有压力

B 缴费有一定压力

C 压力很大，缴费困难

32. 您认为政府是否需要对贫困人口参加医疗保险的个人缴费部分进行补贴：

A 需要，希望政府补贴的比例是____%

B 无所谓

C 不需要

33. 您认为医疗保险的报销比例是否合适？

A 合适　　　　　　　　B 不太合适

C 不合适　　　　　　　D 不清楚

34. 您觉得参加医疗保险以后，如果生病了，自己承担的医疗费用相比以前：（　）

A 增加了　　　　　　　B 减轻了

C 没变化　　　　　　　D 不好说

35. 您认为参加医疗保险以后，办理转诊、报销等手续是否方便？

A 方便　　　　　　　　B 不太方便

C 不方便　　　　　　　D 不清楚

36. 近三年来，您家中是否发生过大额的医疗支出，以致家庭生活十分困难？

A 有　　　　　　　　　B 没有

37. 为了应对大额医疗支出，您认为是否有必要参加大病保险？

A 有必要　　　　　　　B 没有必要

五　养老保障情况

38. 您参加了以下哪项养老保险？

A 城乡居民养老保险

B 新型农村养老保险

C 以上均未参加

如果选择 C 项，您没有参加的主要原因是：

A 缴费困难，交不起费用

B "养儿防老"观念束缚

C 不了解政策

D 政策不够合理

E 认为自己还年轻，不用考虑养老问题

F 担心个人账户的资金安全和保值增值

39. 您目前参加养老保险，每年需要缴纳的费用标准是_____元。

40. 对参加养老保险每年缴纳的费用，自己是否承担得起？

A 缴费没有压力

B 缴费有一定压力

C 压力很大，缴费困难

41. 您认为政府是否需要对贫困人口参加养老保险的个人缴费部分进行补贴：

A 需要，希望政府补贴的比例是_____%

B 无所谓

C 不需要

42. 您家中老人每月领取的养老金是否能满足其日常开销？

A 完全满足，尚有结余

B 基本能满足

C 离满足开销还差一点

D 差很多，完全不能满足

六　基层公共服务及其他情况

43. 您所在村庄是否建有劳动保障服务站？

A 有　　　　　　　　　B 否

44. 您平时办理劳动保障业务是否方便？

A 方便　　　　　　　　B 不太方便

C 不方便　　　　　　　D 不清楚

45. 您是否了解政府在就业创业、技能培训、社会保障等方面推行的扶贫政策及措施 ？

A 了解　　　　　　　B 不太了解　　　　　C 不了解

46. 您是否享受过政府在就业创业、技能培训、社会保障等方面推行的扶贫政策及服务？

A 是，享受过　　　　　B 否，没有享受过

47. 您觉得当地政府开展的人社扶贫对贫困人口的帮助如何？

A 帮助很大　　　　B 帮助较大　　　　C 帮助一般

D 帮助不明显　　　E 没有帮助

48. 您认为政府部门开展人力资源社会保障扶贫工作，还有哪些问题亟须改进？

———————————————————————————

49. 您对政府部门开展人力资源社会保障扶贫工作，还有哪些好的建议？

———————————————————————————

填答结束，谢谢支持！

附件2
人力资源社会保障扶贫
调研数据分析报告

　　本次调研范围是重庆、云南等多地的贫困群众，旨在摸清他们在技能培训、就业创业、医疗保障、养老保障、基层公共服务、扶贫政策了解及享受等方面的实际困难和政策需求。笔者实地走访了上述地区的部分贫困村，并对贫困群众进行抽样调查，共计发放问卷1500份，获得有效问卷1080份，有效回收率为72%。

　　一、 个人及家庭基本情况

　　1. 年龄构成：如图1所示，在有效调查样本中，32%的村民处于

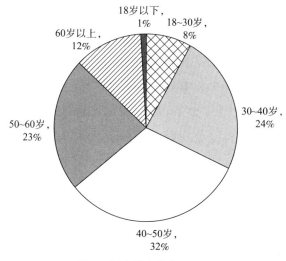

图1　调查样本的年龄构成

40～50 岁年龄段，23％的村民处于 50～60 岁年龄段，24％的村民处于 30～40 岁年龄段，12％的村民达到 60 岁以上，8％的村民处于 18～30 岁年龄段。这说明本次调查对象以 40～60 岁的中年群体为主，而留守在家的青壮年劳动力较少，大多选择外出务工。

2. 文化程度：如图 2 所示，在有效调查样本中，48％的人是小学文化程度，28％的人是初中文化程度，18％的人是文盲，4％的人是高中文化程度，1％的人是中专文化程度，仅有 1％的人是大专及以上文化程度，这说明调查对象的文化程度普遍不高。

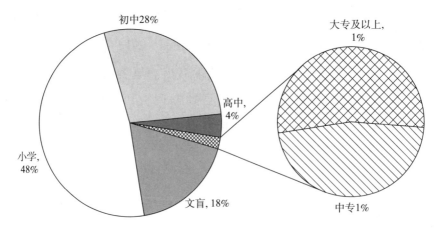

图 2　调查样本的文化程度

3. 家庭主要收入来源：如图 3 所示，在有效调查样本中，调查对象的家庭收入来源主要是务农收入，占比 43％；其次是务工收入，占比 34％；然后是政府低保金，占比 14％；仅有一小部分来自政府扶贫资金以及其他渠道。这说明调查对象的收入来源以务农为主，务工收入的占比较低，没有成为多数村民家庭的主要收入来源，这是导致这些村民陷入经济贫困的主要原因之一。

4. 家庭开支：在有效调查样本中，调查对象家庭开支排在第一位的是基本生活支出，其次是医疗支出，再次是农业生产投入支出，最后是子女教育及养老支出。

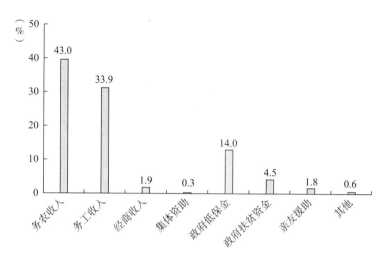

图 3　调查样本的家庭收入来源

5. 贫困原因：如图 4 所示，在有效调查样本中，导致调查对象家庭贫困的主要原因依次是除农业以外，无其他收入来源（占 34%）；抚养子女负担重（占 23%）；家庭成员身患重病（占 17%）；赡养老人负担重（占 11%）；家中缺乏劳动力（占 11%）等。

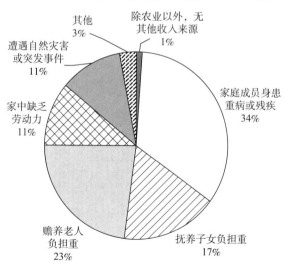

图 4　家庭贫困的主要原因

6. 家庭成员及劳动力分布情况：在有效调查样本中，绝大多数调查对象的所在家庭都有具备劳动能力成员。其中，家中有 1～2 名成员具有劳动能力的情况比较多，占到 63.4%。

二、 职业技能培训情况

1. 职业资格证书获得情况：如图 5 所示，在有效调查样本中，84% 的人没有政府颁发的职业资格证书；14% 的人有政府颁发的初级职业资格证书；仅 1% 的人有中级职业资格证书，1% 的人有高级职业资格证书，说明贫困人口的职业技能水平普遍偏低。

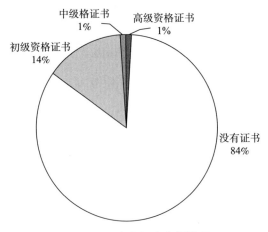

图 5　职业资格证书获得情况

2. 是否愿意参加政府组织的职业技能培训：如图 6 及图 7 所示，

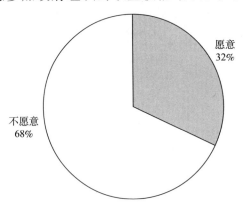

图 6　是否愿意参加职业技能培训

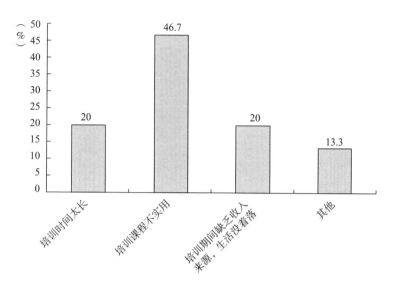

图 7 不愿意参加培训的主要原因

在有效调查样本中，多数调查对象不愿意参加当地政府组织的职业技能培训，只有32%的调查对象表示愿意参加。在不愿意参加培训的人中，主要原因是觉得培训课程不实用，其次是认为培训时间过长和培训期间缺乏经济收入，说明政府在提供职业技能培训时要更加注重实用性。

3. 参加当地政府组织的职业技能培训情况：根据图8及图9，参加

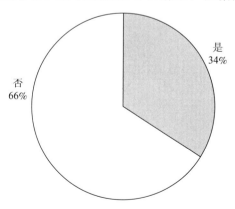

图 8 是否参加过职业技能培训

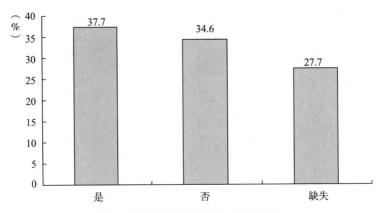

图9　接受培训后是否成功找到工作

过当地政府组织的职业技能培训的调查对象只占34％的比例，而且接受培训后成功找到工作的人员比例不高，说明当前职业技能培训对于贫困人口来说实效性不是很强。

4. 在培训后，对政府推荐工作岗位的需求情况：如图10所示，绝大多数（占88％）的调查对象表示政府应该在培训后向其推荐工作岗位，实现职业技能培训与劳动力转移工作的有效衔接，从而为贫困人口提供更多的就业机会。

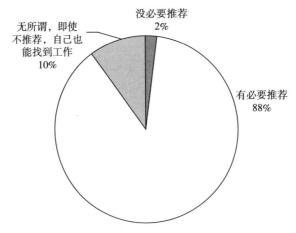

图10　是否需要政府在培训后推荐工作

5. 对政府提供培训内容的需求情况：如图 11 所示，调查对象更多的希望政府提供农业技术方面的培训（占 38.1%），其次是建筑方面的培训（占 24.1%），然后是电工、家政、保洁、保安等方面的培训，对电脑上网、物流配送等方面的培训需求很少。

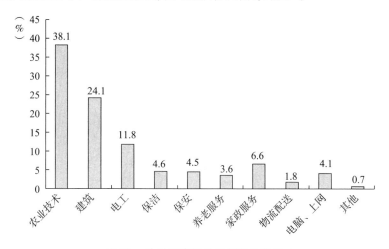

图 11　希望政府提供哪些技能培训

6. 培训时长是否合适：如图 12 所示，在有效调查样本中，57% 的调查对象认为政府组织的职业培训时间过长，建议缩短；35% 的调查对象认为培训时间合适；只有 8% 的调查对象认为培训时间过短，建议延长。

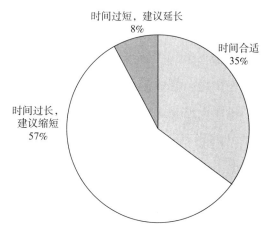

图 12　培训时长是否合适

7. 对政府组织技能培训的满意度：如图 13 所示，仅有 40% 的调查对象对政府组织贫困人口参加职业技能培训的工作效果表示满意，33% 的人表示效果一般，还有 27% 的人表示不太满意或不满意，说明政府还需进一步完善技能培训工作，争取让更多的贫困群众满意。

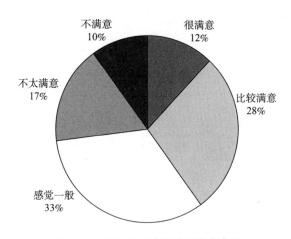

不满意 10%
很满意 12%
不太满意 17%
比较满意 28%
感觉一般 33%

图 13　对政府组织技能培训的满意度

三、 就业创业情况

1. 外出务工情况：调查对象家中有人外出务工的情况占 67%，无人外出务工的情况占 33%。如图 14 所示，没有外出务工的主要原因是需要照顾家庭（占 41%），27% 的人是因为缺乏外出务工渠道，18% 的人是因为缺乏技能、就业困难。当被问及如果可能的话，是否愿意外出务工时，多数人还是表示愿意的。

2. 找工作时遇到的困难：如图 15 所示，调查对象在找工作过程中遇到的主要困难依次排序是：文化程度低（占 32%）；缺乏职业技能（占 30%）；就业渠道狭窄，缺乏就业机会（占 13%）；年龄偏大遭到歧视（占 12%）；获取招工信息比较困难（占 7%）；担心不能适应外面环境（占 3%）；身患残疾遭到歧视（占 3%）等。

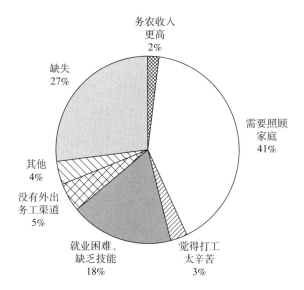

图 14　没出外出务工的原因

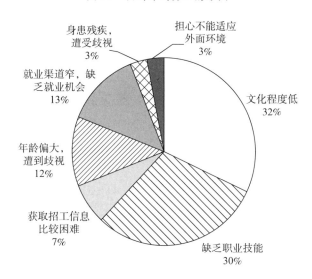

图 15　找工作过程中遇到的困难

3. 希望政府提供哪些就业帮扶：如图 16 所示，调查对象希望政府在帮扶贫困人口就业方面提供技能培训（占 28.8%）、政策咨询（占 21.5%）、就业援助（占 14.6%）、职业指导（占 10.6%）等帮扶措施。

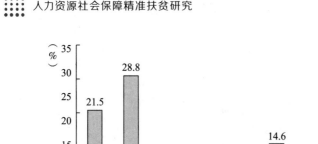

图16 希望政府提供的就业帮扶措施

4. 就业帮扶享受情况：大部分调查对象没有接受过政府提供的就业帮扶，仅有40%的人接受过政府提供的就业帮扶，这说明政府向贫困人口提供就业帮扶的覆盖率还不够。如图17所示，17%的调查对象表示对当地政府提供的就业帮扶效果很满意，25%的人表示比较满意，30%的人表示感觉一般，还有18%的人表示不太满意，10%的人表示不满意。

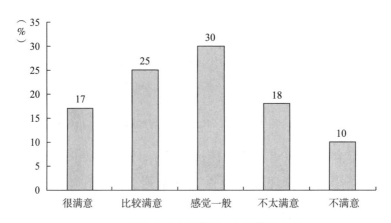

图17 对当地政府提供就业帮扶的满意度

5. 找工作时优先考虑的因素：如图 18 所示，有 71% 的调查对象表示在找工作时优先考虑工资水平，还有 24% 的人优先考虑离家距离的远近，仅有 5% 的人选择考虑自身权益能否得到保障、工作环境的好坏以及提升自身能力等方面，这说明工资收入还是目前贫困人口选择务工的主要动力。

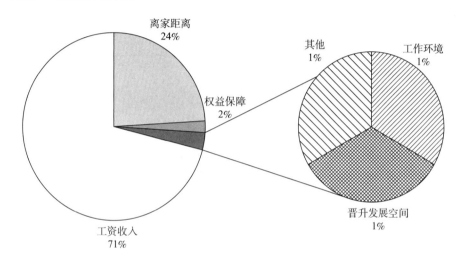

图 18　找工作时优先考虑的因素

6. 找工作优先考虑的就业途径：如图 19 所示，有 59.8% 的调查对象表示在找工作时优先考虑通过亲朋好友介绍，有 20.3% 的人优先考虑自发外出找工作，有 14.8% 的人选择考虑通过政府就业服务机构推介找工作，说明目前贫困人口找工作的主要途径还是通过亲朋好友介绍，其次是自发外出，考虑通过政府部门推介找工作的占少数。

7. 希望从事哪种工作：如图 20 所示，有 37.9% 的调查对象希望从事建筑装修行业的工作，有 33.3% 的调查对象希望从事生产制造行业的工作，还有 28.8% 的调查对象希望从事保洁保安、住宿餐饮等其他方面的工作。相比而言，希望从事公共管理、文化教育和技术服务等行业工作的人很少。

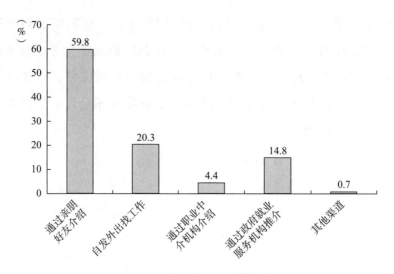

图 19　找工作优先考虑的就业途径

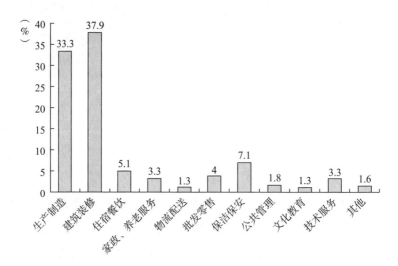

图 20　希望从事哪种工作

8. 理想的务工地点：如图 21 所示，41.9% 的调查对象期望在本地县区区域打工，38.2% 的人期望在本地乡镇区域打工，说明大多数调查对象还是希望在本地区域打工，不愿离家太远。

9. 理想的务工收入：如图 22 所示，43% 的调查对象选择每月务工收入比较理想的范围是 2001～3000 元，33% 的人选择 3001～4000

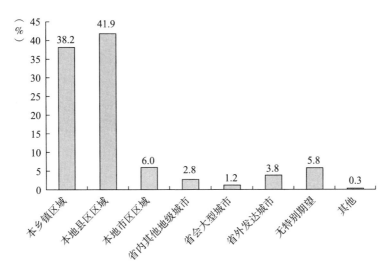

图 21　期望的务工地点

元，12% 的人选择 1001 ~ 2000 元，9% 的人选择 4000 元以上，还有 3% 的人选择 1000 元以下。可见，大多数调查对象认为比较理想的务工收入是每月 2001 ~ 4000 元。

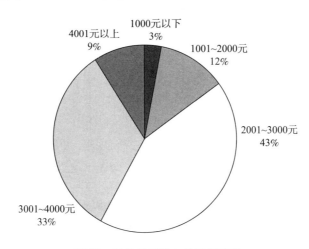

图 22　每月务工收入的理想范围

10. 创业意愿：如图 23 所示，67% 的调查对象表示自己愿意创业，说明调查对象的创业意愿较强。

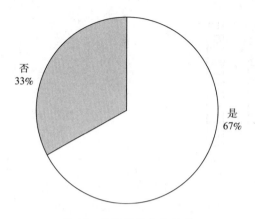

图 23　是否愿意自己创业

11. 创业困难：如图 24 所示，调查对象认为在创业过程中，会遇到缺资金（占 32.2%）、缺技术（占 24.1%）、缺乏创业经验（占10.7%）、自身创业能力不足（占 10.4%）等主要困难。

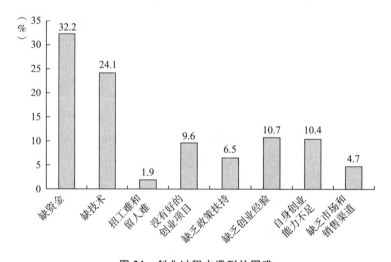

图 24　创业过程中遇到的困难

12. 创业扶持政策的了解情况：如图 25 所示，64% 的调查对象对政府出台的创业扶持政策不太了解，10% 的调查对象完全不了解，只有 26% 的调查对象表示了解，说明政府在创业扶持政策的宣传推广等方面有待进一步加强。

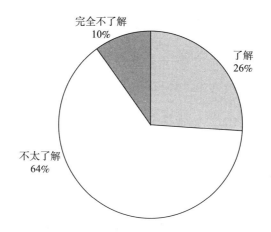

图 25 对政府出台的创业扶持政策是否了解

13. 希望政府提供的创业帮扶措施：如图 26 所示，与创业过程中遇到的困难相对应，调查对象希望政府在扶持贫困人口创业方面，首先是提供资金支持，如创业担保贷款等；其次是需要提供政策咨询及出台扶持政策；除此之外，还需在组织创业培训、推荐创业项目、设立农民创业基地等方面采取措施予以帮扶。

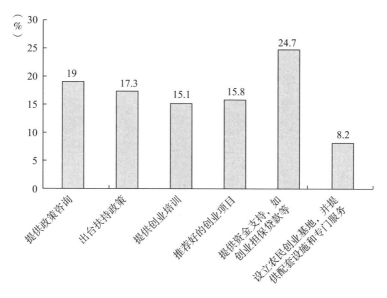

图 26 希望政府提供的创业帮扶措施

四、 医疗支出及保障情况

1. 健康状况：如图 27 所示，26% 的调查对象表示自己身体状况很好，50% 的人表示身体状况一般，15% 的人表示身体状况较差，6% 的人患有长期慢性病，还有 3% 的人身患残疾。

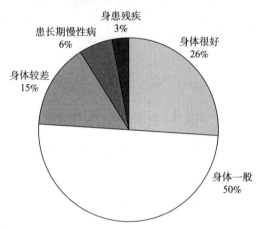

图 27　调查样本的健康状况

2. 看病支出情况：如图 28 所示，只有 11% 的调查对象认为看病费用对家庭基本没有影响，89% 的人认为看病支出影响了家庭经济状况，其中有 55% 的人认为看病支出对家庭经济影响较大或者很大。

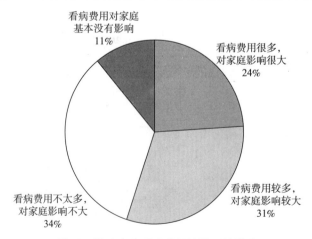

图 28　看病支出对家庭经济状况的影响

3. 医疗保险的参保及缴费情况：根据图 29 及图 30，几乎所有调查对象都参加了医疗保险，其中又以参加新型农村合作医疗为主。由于地方经济发展水平、居民收入差别等原因使得各地缴费标准存在细微差别，但是贫困村民的医保缴费主要集中在每人每年 110～120 元，缴费标准较低。即便如此，仍有 61% 的调查对象表示参加医疗保险需要缴纳的费用由自己承担有压力，其中 9% 的调查对象表示缴费压力很大，缴费比较困难。

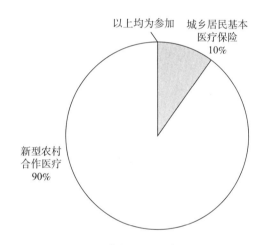

图 29　参加哪项医疗保险

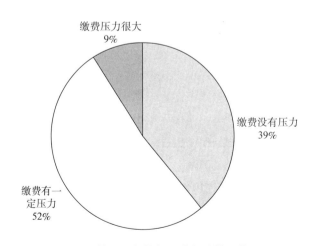

图 30　是否承担得起医疗保险缴纳费用

4. 希望政府补贴个人缴费的情况：根据图31及图32, 83%的调查对象认为政府需要对贫困人口参加医疗保险的个人缴费部分进行补贴，其中有24.8%的调查对象希望政府补贴的比例是50%, 20.6%的人希望政府补贴的比例是80%, 还有17%的人希望政府补贴比例达到100%。

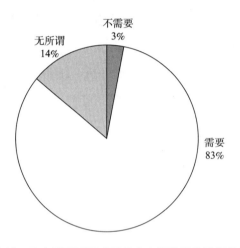

图31　政府是否需要对医保个人缴费部分进行补贴

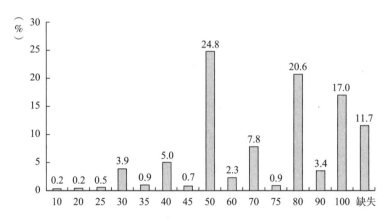

图32　希望政府补贴医疗保险个人缴费部分的比例

5. 医疗保险的报销情况：根据图33及图34，近一半的调查对象认为医疗保险的报销比例不太合适或不合适，还有近一半的人表示参加医疗保险后，在办理转诊、报销等手续时不太方便或者不方便。根据图35，有70%的人表示自从参加医保后，看病由自己承担的医疗费用减少了，这说明医疗保险确实发挥了减轻贫困人口医疗费用支出的作用。

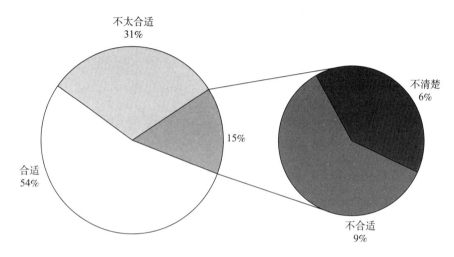

图 33　医疗保险的报销比例是否合适

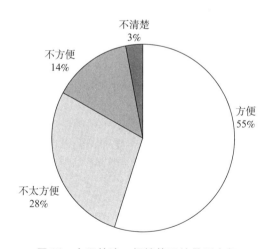

图 34　办理转诊、报销等手续是否方便

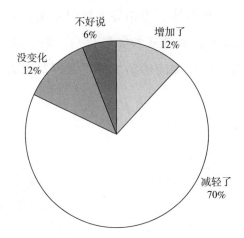

图35 参加医保后，医疗费用的支出情况

6. 大额医疗支出：根据图 36 及图 37，近一半的调查对象表示，近三年来家中发生过大额医疗支出以致家庭生活十分困难的情况，而且绝大多数的调查对象（占 93%）认为有必要参加大病保险以应对大额医疗支出。

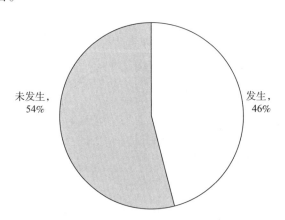

图36 近三年家中是否发生大额医疗支出

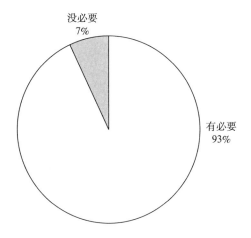

图 37 是否有必要参加大病保险

五、 养老保障情况

1. 养老保险的参保及缴费情况：根据图 38 及图 39，调查对象基本都参加了养老保险。83.2% 的人每年缴纳养老保险的费用标准是 100 元，说明大多数贫困村民的投保金额较低，意味着他们老年阶段的养老金水平偏低。即便如此，仍有 58% 的调查对象表示参加养老保险每年需缴纳的费用由自己承担有压力。

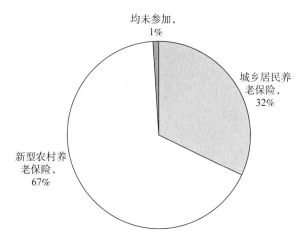

图 38 参加哪项养老保险

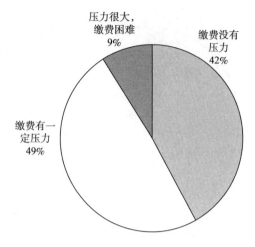

图39 是否承担得起养老保险缴费

2. 希望政府补贴个人缴费的情况：根据图40及图41，大部分调查对象表示政府有必要对贫困人口参加养老保险的个人缴费部分进行补贴，其中有23.9%的人希望政府补贴的比例是50%，16.2%的人希望政府补贴的比例是80%，还有18.7%的人希望政府补贴的比例是100%。

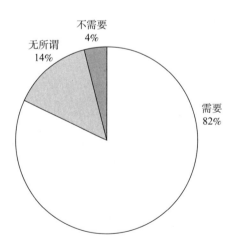

图40 政府是否需要对养老保险个人缴费部分进行补贴

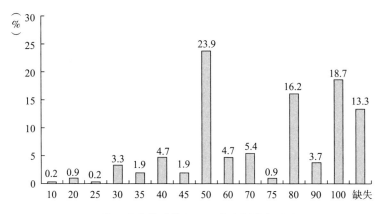

图41　希望政府补贴养老保险个人缴费部分的比例

3. 养老金待遇水平：如图 42 所示，30.5% 的调查对象表示家中老人每月领取的养老金无法满足日常开销，27.6% 的调查对象表示养老金离满足开销还差一点，25.2% 的调查对象表示养老金基本能满足日常开销，只有 4.5% 的调查对象表示养老金完全满足日常开销而且尚有结余。

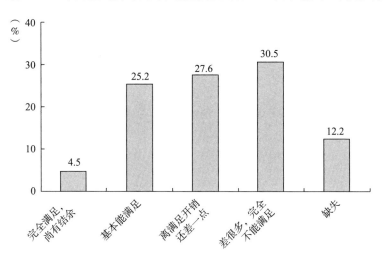

图42　养老金能否满足日常开销

六、　基层公共服务及其他情况

1. 基层公共服务情况：根据图 43 及图 44，只有 23% 的调查对象表示所在村庄建有劳动保障服务站，还有77%的人表示所在村庄没有建立劳动保障服务站，说明基层劳动保障服务站的覆盖范围不全面。另外，40%的调查对象表示平时办理劳动保障业务不太方便或不方便，说明基层服务提供的便捷性有待提高。

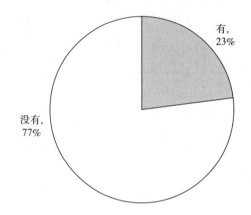

图43 所在村庄是否建有劳动保障服务站

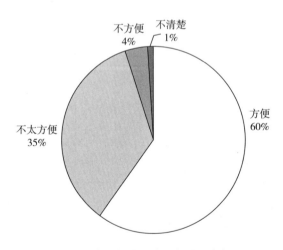

图44 办理劳动保障业务是否方便

2. 对扶贫政策及措施的了解情况：如图45所示，只有28%的调查对象对当地政府在就业创业、技能培训、社会保障等方面推行的扶贫政策及措施有所了解，还有72%的人表示不太了解或者不了解，说明政府在政策宣传方面还有所欠缺。

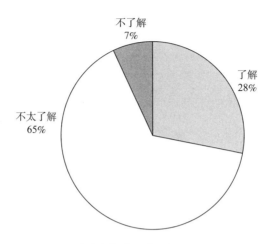

图 45　对政府扶贫政策及措施是否了解

3. 扶贫政策及服务的享受情况：如图 46 所示，58% 的调查对象表示没有享受过当地政府在就业创业、技能培训、社会保障等方面推行的扶贫政策及服务，仅有 42% 的调查对象表示享受过，这说明人社扶贫政策及项目的覆盖率不高，亟须进一步扩展政策惠及面，让更多的贫困对象享受到人社精准扶贫的政策扶持。

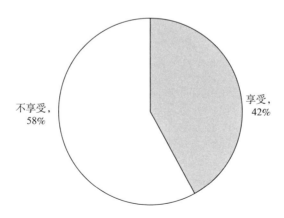

图 46　是否享受过政府推行的扶贫政策及服务

4. 当地政府开展人社扶贫的帮扶效果：如图 47 所示，26% 的调

查对象认为当地政府开展人社扶贫对贫困人口的帮助很大，40%的调
查对象认为帮助较大，还有34%的调查对象认为人社扶贫措施对贫困
人口的帮助一般或者帮助不明显，这说明政府在推进人社扶贫方面还
有进一步提升的空间。

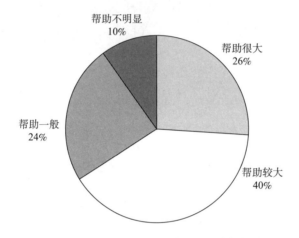

图47　政府开展人社扶贫对贫困群众的帮扶效果

附件3
人力资源社会保障精准扶贫重要事件（2016～2017年）

　　人力资源社会保障部一直高度重视脱贫攻坚工作，认真贯彻落实党中央、国务院关于打赢脱贫攻坚战的决策部署，积极发挥部门职能作用，大力推动人社精准扶贫。笔者对 2016～2017 年间，由人力资源社会保障部牵头主导的人社扶贫重要事件进行了梳理。

　　（1）2016 年 8 月 4 日，人力资源社会保障部印发《关于在打赢脱贫攻坚战中做好人力资源社会保障扶贫工作的意见》（人社部发〔2016〕71 号），明确提出"十三五"期间人社扶贫的目标任务：要通过帮助有就业意愿的建档立卡农村贫困劳动力实现转移就业，解决 1000 万人脱贫；使每个有参加职业培训意愿的贫困劳动力每年都能接受至少一次免费职业培训；引导建档立卡农村贫困人口积极参保续保，实现法定人员参加基本养老、医疗保险全覆盖；强化贫困地区人事人才支撑服务；力争实现贫困地区县级劳动就业和社会保障服务平台基本覆盖。

　　（2）2016 年 7 月 26 日，人力资源社会保障部会同国务院扶贫办联合下发《关于开展技能脱贫千校行动的通知》（人社部发〔2016〕68 号），提出 2016～2020 年间依托千所左右省级重点以上的技工院校开展技能脱贫千校行动。使每个有就读技工院校意愿的建档立卡贫困家庭应、往届"两后生"都能免费接受技工教育，每个有劳动能力且有参加职业培训意愿的建档立卡贫困家庭劳动者每年都能到技工学校接受至少一次免费职业培训，对接受技工教育和职业培训的贫困家庭学员推荐就业，实现"教育培训一人、就业创业一人、脱贫致富一人"的目标。

（3）2016年12月2日，人力资源社会保障部会同财政部、国务院扶贫办联合印发《关于切实做好就业扶贫工作的指导意见》（人社部发〔2016〕119号），提出坚持政府推动、市场主导、分类施策、因地制宜等原则，通过开发岗位、劳务协作、技能培训、就业服务、权益维护等措施，帮助一批未就业贫困劳动力转移就业，帮助一批已就业贫困劳动力稳定就业，帮助一批贫困家庭未升学初、高中毕业生就读技工院校毕业后实现技能就业，带动促进1000万贫困人口脱贫。

（4）按照党中央、国务院2017年脱贫攻坚部署要求，人社部办公厅印发了《2017年扶贫工作重点任务及分工》（人社厅督〔2017〕13号），在就业扶贫、技能扶贫、社保扶贫、人才扶贫、定点扶贫等方面做出具体部署。2017年5月2日，人社部党组召开会议，审议《关于2016年人社扶贫工作情况和2017年工作考虑的汇报》。

（5）2017年4月，人社部办公厅、国务院扶贫办综合司联合下发《关于进一步做好就业扶贫工作有关事项的通知》（人社厅发〔2017〕38号），要求各地遴选一批全国就业扶贫基地，深入推进扶贫劳务协作，大力支持贫困劳动力就地就近就业。在全国范围内遴选1465家用工规范、社会责任感强、适合贫困劳动力就业的企业作为全国就业扶贫基地。人社部还在中国招聘网上开辟"就业扶贫供需对接"专栏，集中发布就业扶贫基地名录和基地提供的20万个就业岗位信息，支持贫困劳动力自主求职就业和各地开展有组织劳务输出。

（6）人力资源社会保障部与国务院扶贫办建立建档立卡贫困人口信息衔接机制，以便及时掌握贫困劳动力基本情况。人社部开发建设农村贫困劳动力就业信息平台，支持所有贫困县及时获取、更新、上报贫困劳动力就业失业信息；建立定期工作调度机制，依托信息平台按月汇总各地工作进展并定期通报。初步建立就业扶贫工作考核评价体系，会同财政部将就业扶贫任务和成效纳入就业补助资金分配因素，并会同国务院扶贫办将劳务协作纳入东西部扶贫协作考核。

（7）2017年8月1日，人力资源社会保障部、财政部、国务院扶贫办联合印发《关于切实做好社会保险扶贫工作的意见》（人社部发〔2017〕59号），明确社会保险扶贫的目标任务，从完善并落实社会保险扶贫政策、强化社会保险扶贫保障措施等方面提出要求。随后，人社部办公厅于8月31日印发了《关于贯彻落实社会保险扶贫工作意见有关问题的通知》（人社厅发〔2017〕111号），要求各地围绕社会保险扶贫目标任务，尽快制定符合本地实际的具体实施办法。

（8）2017年10月17日，人力资源社会保障部组织开展就业扶贫行动日活动，动员各地人社部门集中为农村建档立卡贫困劳动力送政策、送服务、送岗位，通过提供政策解答、信息发布、就业服务等方式，帮助建档立卡贫困劳动力转移就业。

（9）2017年11月8～9日，人力资源社会保障部会同国务院扶贫办在江西省赣州市召开全国就业扶贫经验交流现场会。会议要求进一步明确就业扶贫工作的总目标、总要求、总思路，在岗位开发多渠道、就业服务全方位、技能培训全覆盖、就业质量有提升、重点抓好深度贫困地区就业扶贫等方面下大功夫，全面推进就业扶贫工作向纵深发展。

（10）2017年12月4日，人力资源社会保障部召开深度贫困地区人社扶贫攻坚工作座谈会。会议要求摸清底数，精准施策，加大就业补助等专项资金向深度贫困地区转移支付力度，在就业培训、人事人才、基层公共服务平台建设等方面，继续体现对深度贫困地区的政策倾斜。

图书在版编目（CIP）数据

人力资源社会保障精准扶贫研究 / 李娟著. -- 北京：
社会科学文献出版社，2018.8

ISBN 978 - 7 - 5201 - 3110 - 0

Ⅰ.①人… Ⅱ.①李… Ⅲ.①人力资源管理 – 扶贫 –
研究 – 中国②社会保障 – 扶贫 – 研究 – 中国 Ⅳ.
①F249.23②D632.1③F126

中国版本图书馆 CIP 数据核字（2018）第 161677 号

人力资源社会保障精准扶贫研究

著　　者 / 李　娟

出 版 人 / 谢寿光
项目统筹 / 恽　薇　田　康
责任编辑 / 田　康　常春苗

出　　版 / 社会科学文献出版社·经济与管理分社（010）59367226
　　　　　　地址：北京市北三环中路甲 29 号院华龙大厦　邮编：100029
　　　　　　网址：www.ssap.com.cn
发　　行 / 市场营销中心（010）59367081　59367018
印　　装 / 三河市尚艺印装有限公司

规　　格 / 开　本：787mm×1092mm　1/16
　　　　　　印　张：13.5　字　数：175 千字
版　　次 / 2018 年 8 月第 1 版　2018 年 8 月第 1 次印刷
书　　号 / ISBN 978 - 7 - 5201 - 3110 - 0
定　　价 / 78.00 元